Joel Lehtonen

Verdorrte Apfelbäume

Joel Lehtonen

Verdorrte Apfelbäume

aber gesunde Menschen
i. e. faule Bauern und Lebemänner
in süßem Frieden
auch ein wenig im Krieg
um Aapeli Muttinen herum

Dichterische Prosa verfasst von
Joel Lehtonen im Jahre 1918

Aus dem Finnischen
von Martina Natunen

Heiner Labonde Verlag

FILI

FINNISH LITERATURE EXCHANGE

Die Übersetzung wurde gefördert vom
FILI – Finnish Literature Exchange

ISBN 978-3-937507-19-4

Aus dem Finnischen von Martina Natunen

Originalausgabe:
Kuolleet omenapuut, Verlag Otawa, Helsinki 1918

Titelbild: Verfremdung der Grafik des Originalumschlags von 1918

Gestaltung: Antje Zerressen, Pada ri Werbeagentur GmbH, Essen
Printed in Germany

Inhalt

Muttinens Glück oder Ode an Lyygia

»Was?«, fragt der Buchhändler Aapeli Muttinen. »Ich soll eine Respektsperson sein? … Ich soll wie Horaz wohnen? Ein Tusculum soll ich besitzen? Nun ja, er diente dem Kaiser, ich der Allgemeinheit … indem ich Bücher für 50 Penni verkaufe …«

Dieses Tusculum ist Muttinens Landgut. Ein herrliches Tusculum, an das zu denken beruhigend ist, wenn der Sommer vor der Tür steht, nach dem Winter in der Stadt, mit dem schnöden Mammon beschäftigt, unter einem grauen Himmel, so grau, dass sich die Zahl der Furchen auf Muttinens Stirn verdoppelt. Ein kleines Tusculum, ein von Arbeit unbelastetes Paradies der Sommerzeit …

In ausreichender Entfernung von der Stadt, in der Nähe von Muttinens Geburtsort, ein Landhaus auf einer Anhöhe in einer labyrinthischen Bucht am Saimaa. Zwischen buschigen Birken lugt sein Balkon zur Bucht hinunter.

Glücklich ist Aapeli dort, vor allem am ersten Tag des Sommers, dann, wenn er so richtig seiner Geschäfte in der Stadt überdrüssig ist, dann, wenn das ländliche Faulenzen einen neuen, unverbrauchten Zauber auf ihn ausübt.

So erschöpft ist er vom Beschaffen des lieben Geldes, vom Stehen hinter der Theke, dass seine Stirn spätestens im Frühling nichts mehr denken kann, sich auch an nichts mehr erinnern kann, dass er sich nur in den breiten und weichen Schoß von Mutter Natur werfen möchte. Nur noch faulenzen, sein, einfach nur sein. Nicht Muttinen, nichts, nicht Philosoph, nicht Ferkel. Nur sein, als ob er überhaupt kein irgendwie geartetes Wesen wäre.

Zu Anfang des Sommers ist Glück für Muttinen etwas völlig ohne Gedanken, ohne Erinnerungen, es ist flüchtiger, unbestimmter Friede.

Am schönsten, weil am ehesten ohne Gedanken und Erinnerungen, sind diese ersten Tage des Sommers. Und die Nächte, deren Licht leuchtendem Gold gleicht, das ihn umhüllt wie warmes, wortloses Glück.

An einem Morgen im Frühsommer, nach einer Nacht, in der er nicht gewacht, aber auch nicht geschlafen, nicht gelesen, nicht nachgedacht hat, nur einfach in der Stille dagelegen, die gelblichen Lider geschlossen, in angenehmem Halbschlaf, steht er gemächlich auf und öffnet die Balkontür. Auf diesen Balkon gelangt er von seiner Schlafkammer aus. Direkt vor ihm, am Fuß der Brüstung, die nach volkstümlicher Art mit altmodischem Schnitzwerk verziert ist, wuchern Traubenkirschen, ausladend unter einem weißen, duftenden Blütenschleier. Schädlinge haben ihnen nichts anhaben können, hier in der Wildnis; die Blüten sind

makellos, die Bäume wie mit Reiskörnern übersät oder wie mit verschneiten Zweigen: So viele Knospen haben sie, so viele gerade erst geöffnete Blüten. Diese verströmen einen vorzüglichen Duft, der bis ins Zimmer dringt.
Aber an den Traubenkirschen vorbei leuchtet die sommerliche Morgenlandschaft ums Haus herum, helles, warmes Licht. Es ist noch früh. Lyygia – denn wie einst Horaz ihm vom Kaiser geschenkte Sklavinnen hatte, so hat Aapeli Lyygia – Lyygia schläft woanders. Die Bäume dort in der Senke werfen noch lange und kühle Schatten. Nebel steigen auf von den Gewässern und Rinnsalen, von den üppigen Ufern der Bucht. An der Spitze auch des kleinsten Grashalms blitzt ein Tautropfen, in unzähligen Farben. Der Kuckuck ruft. Überall funkelnde Schönheit. Muttinen lacht für sich über diese Tropfen, die an den Nasen der Grashalme schaukeln. Er legt sich wieder hin. Dann hat er keine Geduld mehr, weckt Lyygia, verfluchter Horaz: Er will Tee in seinen dicken Bauch, ihn dort auf dem Balkon zu sich nehmen, beim fidelen Kuckucken von zehn Kuckucken.
Dann isst Aapeli Barsche und Kartoffeln, einen großen Berg dicke, frische Barsche, und sechs Eier, und Kompott, einen halben Teller voll, und spült alles mit Sauermilch aus der Kanne herunter.
Dann döst er ein bisschen, zufrieden und mit vollem Bauch.
Und dann macht er sich auf, mit Lyygia, die ein weit schwingendes Gewand trägt und in der Hand einen großen Strauß Spiräen und lila Fliederdolden – damit verdeckt sie ihre schelmischen, klaren Augen – zum Spazierengehen, zum Gucken, um sich diese schönen Sommertage zu vertreiben. In der anderen Hand hält Lyygia einen kleinen Picknickkorb, Muttinen hingegen hat Backpflaumen in der Hosentasche. Auch Ruderausflüge machen sie auf den großen, weiten Saimaasee hinaus und zum Festland dahinter, das in weiter Ferne hellblau heraufschimmert. Die Birken an den Ufern, die gerade erst ausgetrieben haben, ähneln mit ihren weichen hellgrünen Blättchen und ihren langen baumelnden Kätzchen federleichten, grünlichen Straußenfedern. Am Eingang zur Bucht öffnen sich ferne Landschaften dem Blick: Im sommerlichen Dunst lassen sich keine Einzelheiten oder Farben unterscheiden, alles ist unscharf, diesig und bläulich, einem Traum gleich. Die Sonne wird immer wärmer. Die Wolken spiegeln sich in vielen Farben in den tiefen weiten Wassern des offenen Sees. Muttinen rudert, wenn er gerade Lust hat, schwitzend und schweigend …
Nein, aber dieses Wasser! Die Wasseroberfläche funkelt hier und dort mit tausenden von Smaragden: Das sind Käferchen, von jedem ihrer grünen Panzer springt ein heller starker Strahl.

Muttinen sagt: »Da hast du deine Brillanten, Lyygia!« Käferchen, die in Scharen den breiten Sund zu überqueren gedachten und ins warme Wasser gefallen, dort ertrunken sind, die meisten in Zweisamkeit, andere leben noch. Sie liegen oft dicht an dicht, wie in einer weitflächigen Stickerei: tausende von grünen Panzern, der ganze Sund voll von ihnen.

Am anderen Ufer steigen sie schweigend den Hügel hinauf, fort von den sonnenwarmen Uferwiesen, auf denen Trollblumen leuchten, gelbe frische Blütenkugeln. Oben gelangen sie in eine dörfliche Welt. Hier und dort blühen Traubenkirschen, breiten sich buschige Ebereschen aus. Am Rand der sich dahinschlängelnden Landstraße sieht man ein altes Herrenhaus aus Balsampappeln hervorragen oder ein flaches Bauernhaus inmitten von sprießenden Feldern.

Dann sind sie schon wieder auf dem Weg vom Hügel herunter in die Kühle der Senke.

Und so glückstrunken macht die frühsommerliche Sonne, so berauschend ist der Duft der Birken und des ganzen Knospen austreibenden Waldes, dass sie allmählich verstummen, dass sie immer weniger sagen müssen, je weiter sie gehen. An einem Hang setzen sie sich in den Schatten einer großen, dicken Trauerbirke, ziehen sich Schuhe und Strümpfe aus und verweilen lang, Aapeli verklärt von Kindheitserinnerungen, mit entblößtem Kopf, während ein Lüftchen mit den Haaren spielt, die seinen kahlen Schädel wie ein Kranz umgeben. Wie vertraut ist ihm doch jeder Stein an diesem Weg. Lyygia wirft ihm ab und zu einen von Sommerglück erfüllten Blick zu.

Dann laufen sie weiter, über einen schattigen Erlenpfad. Über diesen sprudeln hier und dort Bäche aus höheren Gefilden; leicht und beschwingt dahinrieselnd, verschwinden sie wieder im Dämmerlicht des Erlengrundes. Lyygia bückt sich, um aus dem Bach zu trinken, schöpft mit der Hand das Wasser zwischen moosbedeckten Kieseln, klares, fröhlich glitzerndes Wasser; und auf ihre Hände gestützt blickt sie vom Boden schelmisch Muttinen an. Da schmunzelt dieser in heitere Gedanken verloren und denkt nur eins: Lyygia. – Oder wenn sie an einen Muttinen aus Kinderzeiten bekannten Ort kommen und er halb zu sich sagt: »Hier bin ich früher hergegangen, als ich klein war«, dann schmiegt sich Lyygia in seinen Arm und sagt etwas Liebes und Zärtliches wie zu einem kleinen Kind und stellt sich vor, wie der dicke Muttinen da als Kleiner, ein so Kleiner dahergetrippelt ist … Und träumt von etwas anderem …

Die schilfbestandene verschwiegene Bucht, deren Uferpfad sie entlanggehen, liegt in stillem Glitzern. Kleine felsige Inseln schimmern wie leicht gedunkeltes Zinn.

Hier und dort ist einfaches Volk in Ruderbooten unterwegs, mit Angeln, hemdsärmelig; ihr leises heiteres Geplauder ist weithin hörbar.
Aber dort am anderen Ufer badet eine Gruppe von Mädchen. Sie rufen und kreischen, waten im Hemd oder ganz nackt.
Muttinen und Lyygia gehen weiter auf ihrem Weg, lagern auf einem der schimmernden Felsen am Ufer, der Sonnenwärme ausstrahlt, und entfachen da ein Feuer, stellen ihren Kaffeekessel darauf. Dann liegen sie nur da und warten auf ihr Mahl, Muttinen glücklich, gedankenverloren ... einfach nur den Sommer genießend.
Der Tag ist warm, sie schließen die Augen, sie blicken nicht in die sanfte Unendlichkeit des blauen Himmels. Nur Wärme umhüllt sie, überall in den Wäldern bimmeln Kuhglocken in einmütigem Klang, und der Wind rauscht mit herrlich erschöpfender Kraft. Loslassen, die Zeit verrinnen lassen, es ist Sommer, warm. Seltsam wehmütig klingen diese Glocken, als wollten sie zaghaft etwas andeuten ... Kurz ist die Zeit, die Zeit des Menschen, kürzer ein glücklicher Tag. Schon ist es Nachmittag, als sie wieder auf dem Heimweg sind, zum Ufer, wo sie ihr Boot gelassen haben, beide mit dem ermattenden Glühen des Tages auf der Haut, Körper und Seele voller Lichtherrlichkeit. Langsam durch die Wiesen, hier einen Hügel hinauf, dort einen hinunter, mitten durch Kuhglockengebimmel und Kuckucksmusik. Manchmal verweilen sie auf den heißen Felsen der Landzungen, wo Wasserspiegelungen die Augen blenden, legen sich hin und ruhen sich aus. Und werden immer schweigsamer, ein immer tieferes, unbestimmteres Glück überflutet sie. Die Fliederdolden an Lyygias warmem Busen sind verwelkt, aber ihr Blick unter der weichen Hutkrempe hervor lächelt reine Güte.
Dort unten am Ufer der Bucht steht eine alte Kreuzkirche, umgeben von einem dichtbelaubten und blühenden Friedhof. Die Nähe des Gottesackers fordert sie geradezu heraus zur Freude, überzeugt sie von der Vergänglichkeit des Augenblicks, den sie diesmal im Schatten einer großen Salweide verbringen, die ihre Blätter wie in Trauer zu bewegen scheint.
Es ist Abend, nach einem Tag, der mit seiner Glut die Blutgefäße fast zum Platzen hat anschwellen lassen, den Kopf mit den warmen Walddüften des Sommers verdreht hat; ein kühlender und besänftigender Abend. Sie rudern mit leichten Zügen wieder auf Aapeli Muttinens Tusculum zu.
Der Sonnendunst hat alles in ein seltsames Schummerlicht getaucht, hat die Welt gebirgsgroß gemacht und auch die letzten Einzelheiten dem Blick entzogen; er hat die Ländereien auseinander gerückt und Hügel und Wälder zu einem diesigen

Ganzen verschmolzen; dieser frühsommerliche Dunst, der nichts näher bringt, verkleinert oder schärft, wie es das Licht im Hochsommer oder Herbst tut. Langsam gleiten sie über das warme Wasser durch die vielen Inseln hindurch. Lyygia hat das Paddel aus der Hand gelegt, sie sitzt gebeugt und stützt sich mit den Händen auf den Bootsrand, ganz wie angespannt und in Erwartung von etwas noch Schönerem, Wunderbarerem. Manchmal entfährt ihr, glücklich von der Schönheit der Welt, ein Ausruf, kurz, sanft, leise: etwas von einer Singdrossel, denn der Abend ist da und die Nacht bricht herein, obwohl es kaum dämmert, und der Gesang der Singdrossel schallt durch die Wälder.

Aber da bringt Muttinen sie im Spaß zum Schweigen, so groß ist sein unbestimmtes, Stille forderndes Glück.

Das Boot gleitet über tiefes Wasser aus dem schmalen Sund auf den offenen See. Lyygia schrickt auf: An der Öffnung zur weiten Seefläche erhebt sich wie eine Pforte eine Felswand von eindrucksvoller Höhe, eine Insel, die ganz offensichtlich, dieses Gefühl haben sie in diesem Augenblick, Dutzende von Klaftern steilgerade aus den Tiefen des Wassers aufsteigt – auf so seltsame Weise vergrößert der Abenddunst die Umrisse des hohen Felsens. »Guck mal, Böcklins Insel der Toten, wie sie leibt und lebt«, sagt Muttinen mit tiefer Stimme. »Ich habe Angst«, entgegnet Lyygia leise und zittert vor einem noch merkwürdigeren, vom schönen Anblick und vom Grauen erzeugten Glück, je näher sie der schwarzen Felsenwand kommen. Jetzt schiebt diese ihnen an ihrem Rand überhängende Felsblöcke über die Köpfe. Die auf dem Felsen brütenden Habichte gickern. Hier und dort leuchten in den Spalten der Felswand wurzelnde junge Ebereschen in der Abenddämmerung. Die Felsblöcke oben auf der Wand sehen so aus, als ob sie aus geringstem Anlass herunterfallen könnten. Auch Muttinen machen sie Angst. Unter ihnen ist schwarze, unermessliche Tiefe. Lyygias Stimme wird immer leiser, sanfter: »Sieh mal, dieses rötliche Moos dort, und diese Eberesche da oben in der Felsenwand, wie klein sie ist, so klein!« Muttinen scherzt: »Pst, sei ganz still, diese Brocken können sich schon vom Flüstern lockern …«

Die offene Seenfläche des Saimaa hat ihre wirklichen Ausmaße verloren, so unermesslich weit dehnt sie sich im fahlen und nur einen Augenblick währenden Schummer der Nacht. Ob die Nacht schon ihren dämmerigsten Augenblick erreicht hat? Die Sonne ist noch nicht richtig untergegangen. Dort zieht ein Schlepper im Dunst über den großen weiten See; seine rote Lampe blinkt hell durch die feuchten Schleier, geheimnisvoll stampft die Maschine. Und ein Schifferklavier tönt herüber.

Als das Schiff vorbeifährt, hat es gewaltige Wellen im Schlepptau, auf die das letzte Glühen der gerade untergehenden Sonne trifft. Jetzt schlagen die Wellen hoch, sie schütteln das Boot nach rechts und nach links, werfen es in die Luft und schleudern es auf den Grund des schimmernden Wellentales. Diese Wellen, jetzt wieder rund und glänzend wie Spiegel, reflektieren das knallig grelle, leuchtende Rot, das schwärzliche, metallische Glühen, das Lodern der untergehenden Sonne. Das Tusculum ... Dort wieder unbestimmtes Glück in Gestalt dieses kurzen Dämmeraugenblicks, den die frühsommerliche Nacht darstellt.
Aber als die Dämmerung weicht und Lyygia sich zurückgezogen hat, mit einem gelblichen, mit Blumen bestickten Umhang um die Schultern, und als der Tag, der kurz die Augen geschlossen hatte, diese wieder öffnet, um in Aapelis Fenster zu scheinen, mit heiterem Funkeln von jenseits waldiger Hügel und zwischen den blühenden Traubenkirschen hindurchblinzelnd, die er von seinem Bett aus durch die offene Tür sieht, als die Vögelchen mit dem Kuckuck um die Wette singen, da hört Muttinen aus Lyygias Zimmer ein heftiges, leidenschaftliches Schluchzen, das ab und an zu unterdrücken versucht wird. Muttinen weiß, was das bedeutet. Da dreht und wendet sich der dicke Aapeli in seiner Qual.
»Ein glücklicher Tag«, murmelt er für sich. »Ja, der glücklichste Tag, vorbei! Nur einer, das reicht mir. An lang währendes Glück glaub ich doch nicht ... Könnt ich dir nur geben, was du brauchst, du Arme, Glücksgläubige. Ich könnte, wenn ich nur selbst daran glaubte. Das Glück ist nicht von Dauer, es zerrinnt, Lyygia: Auch die zärtlichste Liebe erlischt, das weiß ich, ich alter Brocken.
Die seligsten Tage vergehen wie auch ein lieblicher Frühsommertag. Überfülle, Verwelken ...«
Muttinen, nach dessen Auffassung die Glücksmomente in der Welt gezählt sind, fühlt, dass er nicht das Recht hat, anderen, Nachkommen, die meist schlimme, abscheuliche Last des Lebens aufzubürden.

Herr und Gescherr oder »Was man sät, das erntet man«

Aapeli Muttinens Landbesitz heißt Putkinotko, Wiesenkerbelsenke. Dort hat er einen Pächter, der das Anwesen und den Garten versorgen und im Winter die Villa bewachen soll und selbst etwas weiter weg in einer kleinen Hütte wohnt. Der heißt Juutas Käkriäinen.

Es ist ein Morgen im Sommer, noch ziemlich früh. Käkriäinen steht im Garten seines Herrn, am Fuß des terrassenförmig ansteigenden Hangs. Vor ihm liegen ein paar große Steine, die er aus dem Boden gelöst hat und aus denen er eine Gartenmauer errichten müsste. Die betrachtet er gerade, ab und zu um sich blickend mit schläfrigen Augen, die getroffen werden von den Morgenstrahlen der Sonne, auf ihrem Weg immer tiefer in die kühle Senke.

Am Ufer der Bucht lichtet sich langsam der kühle Nebel. Dort, auf dem Mooracker, strecken sich die Schatten, übermäßig lang, über viele Furchen. Die Drosseln schimpfen, und die kleinen Vögel, welche es auch sein mögen, singen schrill. Da steht Käkriäinen, ein Mann mit leicht gekrümmtem Rücken. Seine Arme sind ungewöhnlich lang, fast wie die eines Gorillas; die Hände sind breit, die Beine sehr kurz. Auf dem Kopf hat er eine Pelzmütze, sogar jetzt im Sommer. Heiß ist es, wo die Sonne allmählich zu wärmen beginnt; so hat er, als er sich den Kopf kratzt, die Mütze auf das eine Ohr geschoben, was an der rechten Schläfe sein Haar zerzaust; sein Haarschopf ein Strubbelkopf. Aus dem Mund fließt ihm, wenn er nicht gerade spuckt, brauner Priemsaft in die borstigen Bartstoppeln an seinem kräftigen Kinn.

Aus dem Hosenboden hängen Stofffetzen, von denen manche das taufeuchte Gras streifen, lang wie die Schussfäden eines Flickenteppichs.

Käkriäinens Augen – klein unter einer eigensinnigen Stirn und zwischen vorstehenden Wangenknochen – funkeln düster und richtig böse. Manchmal, wenn ein Sonnenstrahl sie trifft, blitzen sie rot auf wie bei einem Hund oder einem Waldtier.

Käkriäinen fuchst es ungeheuerlich. Er müsste nämlich jetzt, wie gesagt, eine Mauer dorthin bauen, irgendwie zusammenschustern: eine hohe Einfriedung aus Steinen um Muttinens Garten herum, zuerst einmal an die eine Seite. Immer noch mehr Brocken vom Geröll dort heranwälzen. Zum Schutz der Johannisbeersträucher von seinem Herrn, diesem Muttinen, und der Apfelbäume, die alle verdorrt sind – aus Gründen, die Käkriäinen nur zu bekannt sind, hähä. Da ragen sie nun hoch – schwarze Strünke. Aber der Herr hat an ihren Wurzeln neue

Büsche gepflanzt, die jetzt auch noch gepflegt werden müssten. Und was ist mit seinen Fliederbüschen, die oben am Haus wachsen: So dicht an der Wand, dass sie sie faulig machen, die guten Wände, so ein Teufelszeug. Dieses wuchernde Fliederdickicht findet Juutas Käkriäinen ganz abscheulich. Genauso wie die anderen Verschönerungen ... mit all dem unnötigen Blumenzeug, was auch immer es ist, für das er jetzt diese Mauer bauen müsste, damit das Viechzeug nicht dran kommt und Schaden anrichtet.

Er müsste jetzt endlich ran! Da hilft wohl alles nichts mehr. Denn Muttinen hat ihn letzten Endes unter Druck gesetzt, hat Zeugen aus der Stadt mitgebracht, seine vornehmen Freunde; und ihn per Kontrakt zu dieser Arbeit beordert. Und er vertreibt ihn von seinem Anwesen, wenn er den Befehlen nicht gehorcht.

Ihn vertreiben, ihn, Käkriäinen! Der dieses Haus, Putkinotko, schon als sein eigen betrachtet hatte. Na, fast als sein eigen, und das an die zehn Jahre.

So sah das also aus! Zum Teufel mit diesem Muttinen. Ein Herr und ein Gauner! Hatte ihn zum Narren gehalten, ihn, Käkriäinen.

Und das lief so:

Vor ungefähr zehn Jahren hatte dieser Aapeli dieses Anwesen gekauft. Damals hatte hier noch nichts anderes gestanden als die Hütte da hinter dem Wäldchen, die, in der Käkriäinen jetzt wohnt. Da war keine Villa gewesen – wozu auch. Nicht mal ein Plumpsklo – und ohne das wäre man auch gut ausgekommen, wenn nicht Muttinen Käkriäinen gezwungen hätte eins zu bauen. Das hatte er getan ... und hatte er nicht auch sonst seine Pflichten hier erfüllt ... Das Klo, und mehr Ackerland gerodet ... Damals war hier nichts gewesen.

Muttinen hatte das Land deshalb für billig Geld bekommen, hatte es verstanden, zu einer günstigen Zeit zu kaufen.

Dann stellte er sich diese Villa dahin. Mitten ins schlimmste Geröll ... Da musste sie einfach hin. Wegen des schönen Ausblicks; aber dann lässt er den Flieder seine Fenster zuwuchern! Und hier ließ er sich einen Gemüsegarten anlegen. Im Geröll. Das ist vielleicht ein Pflanzort!

Als Muttinen seine Villa fertig hatte, mit Verandas unten und oben, damit er dort allein sitzen konnte, dieser einsame Mann, hatte er sich aufgemacht und war durch die Dörfer gestreift: Hatte sich in den Hütten erkundigt, wo er einen Mann finden könnte, der im Winter diese unbewohnte Villa bewacht, damit sich kein Diebsvolk an seinen Sachen vergriff. Und was er diesem sonst noch zu tun auftragen wollte. Wohnen sollte dieser Aufseher in der Hütte da dürfen, deren Bewohner er schon ausquartiert hatte.

Juutas Käkriäinen hatte sich damals gerade beweibt. Er war Kätner eines Posthalters: Ein strenger Herr war das, dieser Posthalter; achtzig Tagewerke verlangte der, davon so viele Spanndiensttage, wie es ihm gefiel. Und Käkriäinens Alte hatte schon gejungt, hart war das Leben da gewesen … War was ganz anderes als hier, wenn ihn nicht dieser Muttinen zum Narren gehalten hätte.
Auch Käkriäinen hatte gehört, dass dieser Buchhalter, oder wofür er ihn damals gehalten haben mochte, einen Verwalter oder Aufseher für seine Villa suchte. Und da war er, weil ihn die Alte drängte, gegangen und hatte sich erkundigt, wie diese Tagewerke denn aussähen und welche anderen Bedingungen dieser Verwalter erfüllen müsste.
Was denn schon groß, hatte Muttinen geantwortet, auf so einem Anwesen. Ach, auf so einem: nur hundertfünfzig Morgen, hatte er gesagt. Reich war er, dieser Heide, schon damals; oder er verstand nichts vom Leben auf dem Land. Deshalb schlug er vor, dass der Verwalter nichts anderes zu tun hätte als die Villa zu bewachen und sich um den Garten zu kümmern. Was? Einen Garten. Einen Zier- und einen Gemüsegarten. Der, der damals gerade hier angelegt wurde, unglaublich groß. Ja, damals war er groß. Aber Muttinen hatte nichts anderes verlangt, als jeden Winter an die hundert Fuhren Schlamm dorthin zu schaffen. Das würde im Jahr so viele Tage ausmachen, wie in eine Woche passen, ein Teil davon im Winter, der andere im Sommer. Selbst versprach er mehr Arbeiter anzustellen, Leute zum Pflanzen und Beschneiden und so. Käkriäinen sollte außerdem nur aufpassen, dass keine Schafe und Hasen in den Gemüsegarten kämen. Und wegen der Haustiere innerhalb von fünf Jahren hier eine Steinmauer bauen. Und da hat dieser Muttinen tatsächlich sein Wort gehalten, einzig und allein wegen der Schlammfuhren und dem Mauerbau hat er Käkriäinen gedrängt. Und dieser Garten ist ja jetzt auch viel kleiner als geplant, ungeheuer viel kleiner.
Andere Bedingungen hatte dieser Aapeli nicht gestellt. Auch die Steuern für das Haus würde er selbst zahlen, sogar die Reparaturen an der Landstraße und alles. Und die hat er auch bezahlt. Stattdessen bekam der Verwalter die Erlaubnis, diese Ländereien von Putkinotko wie seine eigenen zu bestellen, zu seinem eigenen Nutzen, und nach seinen eigenen Vorstellungen.
Käkriäinen wunderte sich über diese merkwürdigen Bedingungen so sehr, dass ihm zunächst der Mund offen stehen blieb. Dann spitzte er seine großen Ohren und fragte noch einmal, wie denn das mit den Tagewerken so wäre. Muttinen lachte auf, fiel in schallendes Gelächter und zählte noch mal dieselben Bedingungen auf. So einer war er – ein guter Kerl damals. Eine Woche Tagewerk für die-

ses Land, für das man gut und gern sieben, achthundert Mark Pacht im Jahr hätte bekommen können!
Führte Muttinen etwas Böses im Schilde? Oder dann war er einfach ein Dummkopf von einem Herren: So ganz umsonst was herzugeben.
Muttinen versprach überdies, mit dem Posthalter abzumachen, dass Käkriäinen schon vor Ende der Pachtzeit aus seiner Hütte ausziehen könnte. Von diesen Vereinbarungen wollte er selbst Käkriäinen in seiner Hütte Kunde bringen, wo dann endgültig der Umzug des Verwalters nach Putkinotko beschlossen werden würde.
Käkriäinen lief freudestrahlend nach Hause, um seiner Alten diese Neuigkeiten mitzuteilen. Aber auch diese fand die Geschichte so sonderbar, dass sie noch nicht wusste, ob sie sich darüber freuen sollte oder ob da irgendwas nicht stimmte. Doch schließlich dachte sie, genauso wie Juutas, dass dieser Buchhalter in solchen Dingen einfach zu unerfahren war, ein unerfahrener, ein guter Kerl. Wenn er jetzt nur nicht von seinem Vorschlag wieder abrückte.
Aber Muttinen rückte nicht davon ab. Er kam in die Posthalterkate: Hatte den Pachtvertrag gekündigt und dem Posthalter eine Entschädigung gezahlt; und jetzt zählte er auf, was er zu Anfang versprochen hatte. Da sagte Käkriäinens Weib, das seien ja leichte Bedingungen, stellte schnell den Kaffeekessel auf den Herd und wurde immer gesprächiger. Vor allem, weil Muttinen sie und Juutas wie seinesgleichen behandelte: Aus der Brusttasche seines großen Mantels hatte er eine große Flasche gezogen und ihnen was Wohlschmeckendes in den Kaffee gegossen, und mit Tränen in den Augen sah er auf die Kinder und sagte, dass er das Volk liebe, die Mittellosen verstehe. Er wolle helfen, deshalb verpachte er Putkinotko so billig … Und schließlich sagte er, zum Teufel, das sagte er, wenn doch nur Zeugen dabei gewesen wären, dass er dem Käkriäinen einmal das ganze Anwesen überlassen würde, weil er doch Junggeselle wäre … Oder wenigstens versprach er ihm einen Teil davon als Eigentum … wenn der Verwalter seine Wünsche zu erfüllen verstünde.
Juutas Käkriäinen wäre fast von dem kleinen Schemel, auf dem er saß, gefallen, so überraschte ihn ein solches Versprechen. Er hatte allerdings schon damals so seine Zweifel: Was hatte Muttinen wohl insgeheim mit ihm vor, wenn er ihm so was Gutes …? Aber so ein Mann war er eben, begriff nichts. Und was bedeutete ihm schon zu geben, er war ja reich, dieser Gauner.
Deswegen willigte er, Käkriäinen, ein. Und jetzt hat er nichts bekommen, nicht dieses Land, nicht einmal ein Stück davon.
Na, über die Erfüllung seiner Wünsche meckert der Muttinen. Aber hat Käkriäinen

sie denn nicht erfüllt? Hm, schon komische Wünsche: Bäume und Blumen jauchen. Was es nur für Menschen gibt ... hielt ihn zum Narren.

Käkriäinen zog nach Putkinotko in die Hütte, die Muttinen hatte instand setzen lassen. Diese Mühe hatte Käkriäinen sich gemacht, im Herbst beim ersten Schnee, hatte den alten Klepper hinter sich hergezogen, den Schlitten beladen mit Weib, Kindern und einem Kartoffelsack, hintendran auch noch die Kuh.

Aus den Schlammfuhren in Muttinens Garten, diesen drei Tagewerken, war im ersten Winter nichts geworden. Futter musste er herbeischaffen, für die Viecher und die Gören und die Alte. Und der eigene Acker brauchte Schlamm, diese Apfelbäume dagegen ... Und Zeit brauchte man auch, sich an den neuen Ort zu gewöhnen und darüber nachzudenken, dass man jetzt stolzer Pächter war, noch was Bessres sogar, später mal; schön war's, mit den Nachbarn zu schwatzen und zu erzählen, dass dieser Aapeli, ein netter Kerl, versprochen hatte einem Putkinotko zu überlassen ... falls ... Aber die Hasen hatte er aus dem Garten vertrieben, das hatte er!

Und als der Muttinen im Frühjahr aus der Stadt aufs Land kam, um dort den ganzen Sommer zu faulenzen, ließ er sich keinen Ärger anmerken, dass sich die Schlammfuhren verzögert hatten. Käkriäinen beobachtete ihn regelrecht, was er dazu meinte, dass der für Bäume und Büsche vorgesehene Schlamm noch immer in seiner Grube lag, da unten in der Sumpfwiese. Nein, der Muttinen stülpte nur ein bisschen sein dickes Maul vor und machte ein langes Gesicht, als er auf seine Büsche guckte, die seiner Meinung nach schon üppig hätten gewachsen sein müssen, hehe. Aber als Juutas erklärte, dass er einfach noch nicht dazu gekommen wäre, jetzt am Anfang, weil seine Kinderschar die hungrigen Mäuler aufsperrte, meinte Muttinen, dass das gar nichts mache und dass man den Schlamm ja auch gut noch im Sommer fahren könne. Und da hatte er den Nagel auf den Kopf getroffen. Was brauchten diese Bäume und Büsche schon Schlamm? Richtig lachen musste Käkriäinens Weib, was für ein guter Kerl der Muttinen damals doch war. Käkriäinen hatte dann auch im Sommer mit dem Schlamm für die Bäume und Beerenbüsche nichts überstürzt. Er hatte ja hier in der neuen Hütte auch anderes zu tun. Wenn der Muttinen es verlangt hätte, hätte er geantwortet, was er auch dachte, dass nämlich Schlamm im Sommer nicht gut ist für die Büsche, weil die trocken davon werden. Aber der Muttinen verlangte es gar nicht. Stattdessen heuerte er anderswo Männer und Pferde an und ließ die arbeiten. Na, er hatte ja Geld. Und Muttinen arbeitete selbst im Gemüsegarten, dann im Frühjahr darauf. Wälzte Steine, wühlte sogar mit den eigenen Pfoten an den Wurzeln der Büsche herum, wie ein Borstenvieh mit seinem Rüssel. Als ob er das nötig gehabt hätte. Und das noch wegen Blumen und diesem Zeugs; vertrieb sich die Zeit, der Herr ... Käkriäinen dagegen arbeitete, zu seinem eigenen Nutzen. Wie schnell die Zeit verging, wo man jetzt so ganz nach eigenen Vorstellungen für seinen Lebensunterhalt sorgen konnte, Land beackern, brandroden, dass es nur so eine Freude war. Der Muttinen nörgelte zwar zuerst über die Schwende, aber wenn man ihm erklärte, dass das die beste Methode ist, Land urbar zu machen, gab er sich zufrieden; gestand, dass er von so was nichts verstünde. Und wenn mal irgendein geschwendeter Hang unbeackert blieb, so brauchte das Vieh ja immer auch Land zum Weiden. Nicht schlecht ließ es sich hier leben. Das Land gab massig Kartoffeln her, und wenn mal der eigene Roggen nicht für das ganze Jahr reichte, konnte man ihn für Kartoffeln kaufen, wie auch anderes Zeug. Und für Fisch. Hier gab's auch eigene Fischgründe. Und man konnte im Bedarfsfall auch ein bisschen Werkholz aus dem Wald hier abgeben; Holz gab's hier ja zum Verrotten ... Gut aushalten ließ sich's hier. Ganz anders war's da in der Posthalterkate, wo man sich achtzig Tagewerke im Jahr abrackern musste.

Und trotzdem hat er Käkriäinen betrogen, dieser Herr. Jawohl, das hat er!

Denn das hatte er gesagt, als er vor zehn Jahren Käkriäinen hierher locken kam, dass er Käkriäinen vielleicht Land schenkt, falls ... Und das war in Käkriäinens Kopf allmählich zu dem Gedanken angeschwollen, dass der Muttinen ihm das ganze Anwesen gäbe, weil er doch so gut und so dumm war. Und dann, dass ihm das Anwesen tatsächlich gehörte ...

Oder wenigstens hatte er gesagt, dass Käkriäinen es wie sein eigenes behandeln könne. Und hatte sich am Anfang auch nicht in die Angelegenheiten des anderen gemischt; blieb brav auf seiner Veranda, in seiner Hängematte, wenn er im Sommer aus der Stadt hier aufs Land kam, oder wo er sich auch aufhielt, und sich den Bauch von der Sonne rot braten ließ. Die Winter über durfte Käkriäinen in noch größerer Ruhe verbringen und auch sonst Putkinotko wie es ihm gefiel bewirtschaften. Und hatte er das nicht gut gemacht? Zuerst hatte er seine Felder vergrößert. Jetzt baute er ein Viertel mehr Kartoffeln an als früher. Im Winter gab's Kartoffeln, damit konnte man sich den Bauch voll schlagen und unbesorgt auf dem Ofen oder auf der Bank faulenzen; Käkriäinen schlief nämlich leicht auch auf einem zwei Handteller breiten Schemel ein. Und wie er sich gerade schon überlegt hatte, gab es ja auch noch andere Erträge, mit denen er Mehl und Zucker kaufen konnte ... mit Fisch und Baumstämmen. Was sollten die schon hier im Wald ...? So vergingen Jahre.

Aber dann begann Muttinen, nach wer weiß wie langer Zeit, eines Frühlings zu nörgeln, dass die Grenzzäune von Putkinotko morsch wären. Käkriäinen hätte sie zu faulenden Holzhaufen verfallen lassen. Darüber war dieser so verblüfft, dass er zuerst kein einziges Wort über die Lippen brachte. Und dann meckerte der Muttinen, dass die Fenster von Käkriäinens Stube kaputt und nur notdürftig mit Spänen und Lumpen ausgebessert wären, eins sogar im letzten Winter mit einem jämmerlichen Strohteppich zugestopft. Mit was? Mit einem Teppich? Hätte man es denn offen lassen sollen, in Frost und heulendem Nordwind? Käkriäinen wusste schon selber, was er zu tun hatte … Für ihn selbst waren die Fenster gut genug, wenn nicht … Und diese Grenzzäune: dass Käkriäinens Kühe auf das Land des Nachbarn können … durch diese Dutzende Klafter breiten Gatterlücken. Als ob die Viecher auf Nachbars Grund und Boden nicht mehr zu fressen fänden. Aber die Kühe der Nachbarn haben natürlich hier nichts zu suchen: Käkriäinens Kinder werden sie schon verscheuchen …

Als der Muttinen jedoch immer weiter spektakelte, dass sich Käkriäinen in den letzten Jahren nicht mal die Mühe gemacht hätte, für den eigenen Bedarf Brennholz zu sammeln, sondern im Winter Birken im Wald geschlagen hätte, da kochte Käkriäinen schließlich über und schrie lauthals, was denn Muttinen einfiele, hier in seine Hütte herumzetern zu kommen. Er vertrüge einfach kein solches Gezeter.

Da war der Muttinen ganz verdutzt, hatte große Augen gemacht.

Aber dann hatte er mit den Lippen geschnalzt und den Kopf gewiegt, hämisch, und hatte wiederholt: »Soso …« Und war davon geschlurft, mit einem Gesichtsausdruck, dass es Käkriäinen mit der Angst zu tun bekam.

Er hatte fürchterliche Sorge, was dieser Aapeli nun wohl tun würde. Aber der tat nichts, vor allem, als Käkrikäinen ein wenig diese Zäune reparierte, in seiner Not, angeblich Muttinen zuliebe.

Doch er fing nun vorsichtig an herauszufinden, ob es wirklich stimmte, dass dieser ihm Putkinotko gar nicht überlassen hatte, dem Vertrag zum Trotz. Und da bemerkte Käkriäinen, dass Muttinen überhaupt nicht vorgehabt hatte, ihm das Land zu geben.

Warum nicht? Deswegen, weil er angeblich nicht diese Wünsche erfüllt hatte, sich um die Büsche, Blumen gekümmert, – irgendwas unternommen hatte, Schlammfuhren, und was sonst noch so verlangt worden war. Schlamm für dieses Zeugs – und vor den Hasen schützen sollte man es, diesen Riesenviechern von Feldhasen. Ja, wenn es um Rüben oder Kohl gegangen wäre; aber solches rotes und blaues

Blumenzeugs; und jetzt, da die Apfelbäume verdorrt waren, solche Johannisbeerbüsche, dass nicht mal die Kinder sie mögen, solche schwarzen Mistbeeren.
Nein, Muttinen hat ihn betrogen, obwohl sich Käkriäinen schon vorgestellt hatte, wie er hier gut leben könnte, wenn er den ganzen Wald verkaufen würde. Und jetzt zog ihn der Muttinen über den Tisch!
Dieser Betrug machte Käkriäinen rasend. Gegen den Muttinen vermochte er zwar nichts, weil er in seiner Dummheit nichts Schriftliches darüber verlangt hatte, dass dieses Anwesen … Aber es gab auch andere Mittel … Er würde es seinen Blumen und all dem anderen Zeugs zeigen. Der hatte die Stirn Forderungen zu stellen, dieser Herr, völlig zwecklose … Ein fieser, reicher Mann … hatte leichtes Geld verdient, mit Büchergeschäften … saugt wie ein Blutegel. Obwohl er einen fetten Bauch hat. Und keine Gören. Die sich bei Käkriäinen häufen … Zweimal schon hat ihn der Herrgott in den letzten Jahren mit Zwillingen gesegnet … beschissen. Aber der Muttinen schläft lange, wie das Herren eben so tun; sitzt da auf seiner Veranda mit einem Buch in der Hand und lässt sich von der Magd bedienen. Und schleppt zu Käkriäinens Verdruss alle möglichen Gäste an, die sich vergnügen, lachen. Kein Wunder, dass sie lachen: Kippen vom frühen Morgen an Schnaps, das bringt Männer zum Lachen, was denn sonst. Und einer von ihnen, immer derselbe, spielt ihnen dabei auf, auf dem Klavier, auf dem Klimperkasten. Käkriäinen kümmert sich einen feuchten Kehricht um solche Klimperkästen!
Und gnadenlos geht der Muttinen auch mit Käkriäinens armen Kinderchen um; acht sind es jetzt schon; die müssten in die Schule; hat einmal zweien von ihnen Schuhe machen lassen für die Schule; die ließen sich gut auch zu Hause ablatschen. Jetzt spendiert er keine Schuhe mehr, so reich und geizig wie er ist. Aber in die Schule müssten sie, damit sie hier nicht so rumheulten wie die Wölfe, den feinen Herren die Ohren voll. Obwohl einer von ihnen, dieser Sänger Falk, auch selbst immer schmettert. Und was erst hat der Muttinen von Käkriäinen und seiner Alten gesagt? Dass sie stinken wie ein toter Kosak aus der Tasche, dass sie Wanzen haben … Sollen es doch seinetwegen Mistkäfer sein! Dass sie hier geradezu reich hätten werden können, bei so leichten Bedingungen, wenn sie nur gewollt hätten.
Reich werden! Er, Käkriäinen, und reich werden, indem er einem anderen zum Reichtum verhilft, seinen Wald pflegt, seine Zäune.
Nein, seit diesem Betrug, seit dem Jahr, in dem er merkte, dass der Muttinen ihm das Anwesen gar nicht gibt, hat er auch seine eigenen Felder gar nicht mehr vergrößert. Und hat sich auch nicht mehr um Muttinens Blumen und Büsche gekümmert.

Hat im kalten Winter nicht mehr die Hasen verscheucht – na, die hatten ja jetzt auch keine Apfelbäume mehr zum Fressen; denn um Muttinen zu ärgern, hat Käkriäinen seine Schafe immer mehr von den Bäumen abnagen lassen, und dann hat er noch eine andere Form der Vernichtung ausgeheckt, bis ihnen der Frost schließlich und endlich den Rest gab: Als der Muttinen nämlich einmal anfing seine Apfelbäume zu düngen, hatte Käkriäinen ihn dazu gebracht, frischen Kuhdung zu nehmen, und deshalb glaubte Käkriäinen, dass die Bäume von Würmern befallen wurden.
Ja, schon etliche Jahre ist Käkriäinen zu Schurkereien aufgelegt. Er hat sich nicht um Putkinotko gekümmert, hat den Wald nicht geschont, sondern Diebsvolk Bäume in großen Mengen wegschaffen lassen. Er dachte nicht im Traum daran, die Umzäunungen instand zu setzen, behauptete, das Vieh der Nachbarn hätte sie kaputt gemacht. Die Felder konnte er allerdings nicht vernachlässigen, die würden ihm ja sonst kein Getreide einbringen. Aber seine Hütte hatte gerade so gut hergerichtet, dass es sich die Wanzen im Winter gut ergehen lassen konnten. Und weil der Muttinen knurrte und Käkriäinen nun mal keinen Vertrag auf Papier besaß, der ihn davor geschützt hätte, vor die Tür gesetzt zu werden, und wo es sich doch so lohnte hier zu leben, tat er einfach so, als gäbe er nach, versprach sich fürsorglich um Putkinotko zu kümmern ... wenn er bei dieser Kinderschar nur dazu käme. Aber insgeheim hat er sich mit List behauptet gegen den reichen Muttinen, diesen Protz; er ging in den Dörfern verschiedene Arbeiten verrichten, setzte Saunaöfen, um Brot zu verdienen; und schließlich hatte er die Idee mit dem Schnapsbrennen hier. Dass ihm das nicht schon früher eingefallen war! Dann hätte er sich auch nicht um diese Felder zu scheren brauchen. Was für eine feine Beschäftigung das war! Man hatte seine Ruhe. Und dann sprang auch was dabei ab, neben allem anderen, was man sich hier zusammengespart hatte, so dass es sich prächtig leben ließ, man auch andere damit ärgern konnte, sogar Geld auf die hohe Kante legen, für schlechte Zeiten.
So hielt der Muttinen Käkriäinen zum Narren. Er hatte ihn hergelockt, um seine Bäume, Büsche und Blumen zu jauchen, die Käkriäinen hasst. Dieses verdammte Düsterzeug direkt am Haus! Jetzt hat er da an die Stelle der Apfelbäume auch Rosen gesetzt; für so was hat er sein Geld rausgeworfen. Gut, dass Käkriäinen auch die von Anfang an gar nicht gepflegt hat. Ja, er hasst diesen ganzen Zierkram, wie ... überhaupt die Luft um Herrn Muttinen herum. Wenn dieser sich in seiner Villa aufhält, sagt Käkriäinen zu seinen Kinderchen: «So ist's richtig, Kinder sind im Sommer fröhlich, schreit ihr nur soviel wie ihr Lust habt.« Und er geht in die

Villa, um was mit Muttinen zu besprechen, wenn der gerade seine feinen Freunde zu Besuch hat, in seinen abgerissensten Klamotten, obwohl er heutzutage schon ganz andere hat, und verbreitet so richtig seinen Gestank, mitten unter die Blumen. Und einmal hat er in einer Streichholzschachtel auch Viechzeug mitgebracht, dass er sich aus der Achselhöhle gegrapscht hat.
Aber jetzt ... wer hätte gedacht, dass dieser Widerstand so was zur Folge hätte! Wie das nur so kommen konnte.
Der Muttinen hatte neulich von ihm verlangt, einen Kontrakt zu unterschreiben. Als er das hörte, war Käkriäinen erst mal abgehauen: Eine Woche lange versteckte er sich in Wäldern und Dörfern; aber irgendwann musste er sich auch wieder zu Hause blicken lassen. Und dann waren dort immer noch diese Zeugen ... dieses Herrengesocks. Der Muttinen bestellte ihn zu sich und las ihm die Bedingungen vor.
Den Henker würde er sich um die scheren, dachte Käkriäinen zuerst. Hart waren die aber eigentlich nicht; waren genauso gnädig wie die alten, mündlich verabredeten; aber in diesen hier waren die Bestimmungen für die Pflege des Gartens und den Bau der Steinmauer, für den Waldbau und die Instandhaltung der Hütte, in richtigen Paragraphen festgelegt, klar und deutlich. Sogar für das Schnapsbrennen gab's einen, dass nämlich Käkriäinen das nur tun durfte, wenn Muttinen nichts davon wusste. Was er damit wohl meinte? Und zum Schluss, unten auf diesem Papierwisch, die Warnung, dass Käkriäinen das Anwesen verlassen muss an Mariä Verkündigung nach Jahresfrist, falls er diese Bedingungen nicht pünktlich und gewissenhaft einhält.
So harte Bedingungen waren das. Aber was sollte Käkriäinen dagegen haben: Gute Bedingungen waren das ... wenn man bedachte, wie sie überall anders aussehen könnten. Und sicher hätte Käkriäinen einen Tritt in den Hintern gekriegt, wenn er nicht darauf eingegangen wäre, wenn er das Papier nicht mit einem Kreuz abgesegnet hätte, denn schreiben kann er nicht und macht sich auch nichts draus. Und zum Schluss warnte der Muttinen ihn noch, vor den Zeugen: dass Käkriäinen sein Bündel schnüren muss, wenn er nicht die Paragraphen erfüllt, vor allem den über das Schnapsbrennen. Und gelacht hat er noch, dieser Unmensch.
So ein Unmensch ist dieser Muttinen. Und deswegen müsste jetzt Käkriäinen diese Steinmauer bauen, um diese Bäume und Büsche herum, die er mit allen Tricks versucht hat auszurotten. Unnütze Verunzierungen! Obwohl er nichts anderes zustande gebracht hat als Würmer in den Apfelbäumen.
Sollte der Muttinen wirklich was so Gemeines ...?

Das geht Käkriäinen durch den Kopf, da unten an der Gartenböschung, während er die Steine beäugt, mit denen er sich jetzt abgeben müsste. Und auf einmal bekommt er es mit der Angst zu tun. Ein Fenster im Haus knarrt und fliegt auf: Aber vielleicht war da einer dieser Herren, die zu Besuch waren, einer dieser bösen Zeugen? Nein, der Muttinen selbst war es, er erscheint jetzt da auf dem Balkon in seinem roten Hemd, zwischen den Birken, in seinem langen Weiberhemd. Was zum Teufel will der so früh? schießt es Käkriäinen durch den Kopf. Könnte doch noch pennen, der Muttinen: Das jedenfalls würde er, Käkriäinen, tun, wenn er Muttinen wäre, ein reicher Mann; und gewöhnlich pennt der auch oder sitzt auf seinem Schaukelstuhl – wie auch Käkriäinen sitzen würde … Käkriäinen ist richtig erschrocken, so sehr war er noch in Gedanken versunken, als er da stand und überlegte, wie er die Mauer bauen würde. Und er zuckt noch mehr zusammen, als der Aapeli ganz nah ans Geländer tritt und herunterguckt, auf ihn … mit ernster Miene, verquollenen Lidern und starrem Blick. Käkriäinen denkt an den Vertrag, beginnt herumzuhantieren, wendet sich hierhin, dahin, mustert die Steinbrocken, bevor er sie aufhebt. Aber gleichzeitig schießt ihm ein Gedanke durchs Gehirn: Ob das denn wirklich stimmt, kann der Mann nicht irgendwie besänftigt, beschwichtigt werden? Damit er nicht so knochenhart auf den Kontrakt pocht? Zum Beispiel … indem man ihn ein bisschen zum Lachen bringt … wo er doch so ein lammfrommer Mensch ist. Deshalb hebt Käkriäinen jetzt halb im Zorn, halb vor Angst einen so unheuer großen Stein, dass er kaum in seine Arme passt, und stemmt ihn – denn er ist so stark wie ein Waldschrat – in die Luft, hält ihn dort lange und guckt unter dem Stein hervor auf Muttinen und lacht, mit grunzender Stimme: »Hähähä.«

Aber Muttinen lächelt nicht einmal, er dreht sich um und geht ins Zimmer.

Es stimmt also, die Steinmauer muss gebaut werden, als allererstes. Und das macht er, Käkriäinen. Hoch und gerade soll sie werden. Denn … der Herr ist ein Hund … der Kontrakt … nicht mal der schlechteste.

Die kleine Liisa oder Eine Prinzessin der Romantik

Es ist ein milder Tag im Frühsommer, der Himmel schimmert blau durch die Wolken; die leuchten weich und weiß.
Von dem durch karge Heide führenden Sandweg aus, auf dem der Poet und Komponist Falk spaziert, sieht man in der Ferne schon eine flache, dunkle Anhöhe; dorthin ist er unterwegs.
Ein wenig später taucht zwischen alten Kiefern ein kleines dunkelrotes Haus auf; die mächtigen Äste der Bäume schimmern gelblich und in den dichten Nadeln rauscht schwermütig der Wind.
Das Gebäude hat eine herrschaftliche Vergangenheit; zuletzt wohnten dort zwei unverheiratete Damen aus einem in Unbedeutsamkeit versunkenen Adelsgeschlecht, die vor ein paar Jahren gestorben sind.
Der Träumer Lauri Falk bewegt sich gern in der Nähe solcher Gebäude, er, ein im Zeichen der Romantik mitten in einer an Vornehmheit armen Zeit aufgewachsener Bauernsohn.
Heutzutage sehnt er sich nach der Atmosphäre aristokratischer Reminiszenzen schmerzlicher denn je.
Es ist der Sommer 1918; im Winter hatte sich ein Teil des einfachen finnischen Volkes, von Russland provoziert, zu einem Aufstand gegen die bürgerliche Klasse erhoben, die ihr Land von Russland zu befreien versuchte … die Rebellen töteten ihnen an Bildung Überlegene, folterten sie, blendeten sie, verscharrten sie bei lebendigem Leibe; sie brannten Herrenhäuser nieder, vernichteten Kunstwerke.
Lauri Falk, der sich retten konnte, kann das alles nicht begreifen; er war es gewöhnt, sich sein Volk der romantischen Auffassung entsprechend vorzustellen, die Runeberg und Topelius von diesem geschaffen hatten; und mit dem einfachen Volk hatte er sich nur an den Tagen des kurzen Sommers abgegeben, und auch dann nur bei Festen, wenn er es durch sein hübsches Weinglas sah.
Er hatte sich keine Gedanken über die Missstände der Gesellschaft gemacht und in dieser Flut von Brutalitäten auch keine geistigen Strömungen entdeckt, die diese Entwicklungen hätten erklären können.
So macht ihn dies alles letztlich nur noch verschlossener und seinen ständigen romantischen Träumen geneigter. Auch jetzt ist er eigentlich unterwegs, um in jenem kleinen Haus bei der dort hausenden Kätnerin Eier zu kaufen. Für Muttinens Tisch, an dem er als Sommergast speist. Das Haus gehört heutzutage einer Holzwarenfirma; aber das kommt Lauri Falk nicht in den Sinn, als er am Fuß der

Anhöhe stehen bleibt. Von dort betrachtet er die gelben Äste der alten Föhren und dann die jetzt sichtbare, das Gebäude umgebende, schön bemooste Steinmauer und die zerbrochene Lattenpforte in ihr und den hinter der Pforte wachsenden kurzen Fliedergang, in dem mitten in einem Dickicht von verwilderten Zweigen auch noch ein paar frische Schösslinge sprießen; an deren Spitzen hängen kraftlose, bläuliche Blütendolden. Rechts vom Gang, weiß Falk, stehen Rosenbüsche, die später im Sommer Blüten treiben, so schöne, wie es in dieser kargen Gegend nur möglich ist; und links wiederum wachsen Spiräen, und Kirschbäume, unten blattlos und verdorrt, aber in den höchsten Baumkronen leuchtet die eine oder andere schöne Blüte, wie ein eigentümlicher Stern im blassen Blau dieses Himmels, wiegt sich im warmen Windhauch und badet im Sonnenlicht.
Lauri Falk denkt: Hier gibt es wenigstens Flieder und Spiräen, sogar Rosen hat man versucht zu züchten. Wann hat schon mal ein finnischer Bauer die Umgebung seines Wohnhauses mit überflüssigen oder nur wenig Nutzen bringenden Bäumen und blühenden Büschen verschönert?
Jetzt stellt er sich vor, wie geschmackvoll das Gebäude früher wohl eingerichtet war; dass man dort wohl Bücher gelesen hat, auch Dichtung, so glaubt er – die Gegenwart ist nicht so offen für Derartiges wie frühere Zeiten. Dass dort gedämpft ein altes Instrument ertönte; und die Damen saßen dort in ihren Rokokokleidern, diese guten Feen der kleinen Villa. Ja, dort war seiner Meinung nach Poesie, Träumerei und Atmosphäre, alles, was ein bisschen über dem Boden schwebte.
In diese Gedanken versunken geht Falk über den kleinen, grasbewachsenen Vorplatz; in dessen einer Ecke ragt eine hohe Linde auf; er gelangt zu einer Veranda mit zierlichen Bogenfenstern, öffnet die von der Diele nach links führende Tür und wirft einen Blick hinein, auf der Suche nach den Bewohnern.
In der Kammer ist niemand und nichts: auf dem Fußboden nur ein Haufen Lumpen, die Schlafstelle der Kätnersleute. Dann geht er in die modrige Küche. Und jenseits von dieser, aus der kleinen Wohnstube, hört er nun auch jemanden sich bewegen.
Jetzt kommt ihm wohl die gute Fee, von der er geträumt hat, entgegen; als er nämlich die Tür zur Wohnstube leise einen Spalt öffnet, da dreht sich doch die Tochter der Kätnerin, die kleine Liisa, schnell zu dem Ankömmling um, vom Tisch am Fenster aus, wo sie mit dem Bügeleisen in der Hand damit beschäftigt war, eine rote Schürze zu glätten. Und die kleine Liisa – klein ist sie weniger vom Alter als von ihrer Statur her – eilt zur Tür Herrn Falk entgegen, reicht ihm die Hand und sagt ohne zu zögern:

»Ah ja, Sie sind das … treten Sie doch näher; ah ja, da hab ich doch glatt das Plätteisen vergessen, fast hätte ich meine Schürze verbrannt, na, ist noch mal gut gegangen. Na, nun kommen Sie mal in die gute Stube, so …«
Und Liisa macht einen zierlichen Knicks, geht dann mit dem Rücken voran vor Lauri her und winkt ihm ihr zu folgen. Liisa ist dick und rund, aber ihr Gesicht ist blass; auch ist ihr Körper schief; nur ihre grauen Augen sind groß, unschuldig und schön. Entschuldigend fährt sie fort:
»Eigentlich sollten Sie sich aufs Sofa setzen; aber jetzt ist der Bezug in der Wäsche und so; aber kommen Sie nur her, hier haben wir einen Holzstuhl. – Nein, die Mutter ist nicht zu Hause, sie ist in der Stadt, aber warten Sie nur, warten Sie, Sie haben doch keine Eile. Setzen Sie sich doch …«
Und gleichzeitig trägt Liisa ihr Eisen schnell vom Tisch zum Herd – in dieser ehemaligen herrschaftlichen Stube steht nämlich ein großer roter Backsteinherd – und beginnt dort mit einem Kaffeekessel in der Hand herumzuhantieren, und sie sagt im Plauderton: »Das macht überhaupt keine Umstände; und der Herr hat doch Zeit, die Mutter wird schon kommen. – Und wenn ich Ihnen gerade keine Gesellschaft leisten kann, so sind da immer noch meine Postkarten, so schöne, gucken Sie sich erst mal die an …«
Diensteifrig holt Liisa eine Pappschachtel mit Ansichtskarten und stellt sie vor Falk; auf diesen sind ineinander verschlungene Paare abgebildet, kolorierte Fotos. Die kleine Liisa lacht glücklich und treuherzig auf:
»Von meinen Verlobten! – Und ich hab auch einen Brief … Von meinem Schatz. Hier ist er, in einer Ritze in der Wand, warten Sie, ich geb ihn Ihnen, lesen Sie. Macht nichts, lesen Sie nur!«
Liisa breitet ein mit Krähenfüßen bekritzeltes, verschmiertes Papier vor Falk aus; ihm bleibt nichts anderes übrig, als es sich anzusehen.
»Mein Schatz, jetzt nehme ich den Stift in die Hand«, usw. »Mir wollte das Herz zerspringen, als ich von Ihnen scheiden musste, süß waren Sie wie eine Narzisse. Ich bin ein anständiger Bürger und Soldat«, usw.
Liisa erklärt: »Und er kommt mich bald besuchen, dieser Bräutigam. Er ist Werftarbeiter und jetzt Soldat, da im Krieg … der davor war nämlich so ein Herumtreiber, bei der Eisenbahn. Und dieser jetzt betrügt mich nicht …«
Falk sieht sie an und wundert sich, denn die kleine Liisa ist seiner Meinung nach nicht gerade eine Narzisse: Ihr Mund ist ganz schief, so schief, dass er fast senkrecht steht, und die Lippen unter der Stupsnase sind geschwollen wie von irgendeiner Krankheit.

Plötzlich rollen aus Liisas Augen, als sie dort am Herd steht, während der Kaffee heiß wird, dicke Tränen. Sie lässt bekümmert den Kopf hängen, und die Lippen beginnen zu beben; mit leiser, klagender Stimme fährt sie fort und wirft dabei flehentliche Blicke auf Falk:

»Ich hatte nämlich auch einen Sohn … der ist allerdings tot; was wär mit ihm auch sonst geworden, als uns dieser Kerl von der Eisenbahn im Stich ließ. – Aber der hier, der lässt mich nicht im Stich, bald haben wir vor, werden wir … dieser hier ist auf der Seite der Rechten, er hat aber gesagt, wenn sie ihm für den Krieg keinen Lohn geben, dann geht er auf die Seite des Volkes, auf die der Roten. O ja, er kann Geld ranschaffen! Und ich bin darin ja auch nicht so schlecht. Obwohl im Kittchen war ich auch schon; war nicht meine Schuld. Sehen Sie selbst, hier ist das Zeugnis von diesem Gefängnisdirektor … dass ich mich gut geführt hab.«

Liisa reicht Falk das Zeugnis aus dem Gefängnis. Und erklärt:

»War nicht meine Schuld, dieser Diebstahl. Dieser Eisenbahner, der hat erzählt, dass in dem Haus schöne Kleider wären, und ist selbst durchs Fenster eingestiegen und hat sie genommen.

Und ich hab sie dann angezogen … Und zum Schluss wollten alle mir die Schuld in die Schuhe schieben … Mich als Hehlerin ins Kittchen sperren. – Und da kam dann der Schlaganfall … hat mir auch den Mund schief gezogen … Gut, dass der liebe Gott den Kleinen zu sich genommen hat. Ich war so traurig, dass dieser Schlaganfall kam. – Aber jetzt … gucken Sie mal, dieser hier – ich hab auch einen Sommerhut, wenn mein Schatz kommt. Ich will ihn mir rosa färben, obwohl die Mutter sicher sagt, was färbst du denn da, da werden noch die Weißen schießen, wenn er rot ist … Aber wie säh er denn in einer anderen Farbe aus, Herr Falk? Wär rot wohl bei diesen Skimützen Mode …?«

Der Kaffee ist fertig. Liisa gießt ihn in eine Tasse, nimmt selbst keinen; sie ziert sich, ist höflich:

»Aber trinken Sie jetzt, was soll's, ich hab ja doch jetzt Zeit. Ich hab nämlich Bücher, ich zeig sie Ihnen sofort, einen großen Haufen Bücher, hab ich von dem Eisenbahner, und selbst hab ich mir auch ein paar gekauft.«

Die kleine Liisa legt ein paar Groschenromane auf den Tisch; auf deren Einband sind schöne Bilder, Rosen, Frauen. Die Bücher heißen »Der Liebestrank«, »Die blaue Lilie«, »Zum dritten Mal geboren« usw. »Und das hier ist ‚Der Untergang der Titanic'«, sagt Liisa. »Da kommt ein Mann namens Anttila drin vor, der wurde wie durch ein Wunder gerettet; und dann wurde er Millionär, hatte im Schiffsbauch Geld gefunden, oder was immer. Viel war's, hat ein armes Mädchen

geheiratet, der Anttila; wenn mein Schatz herkommt, dann hab ich für ihn dieses Häuschen auf dem Hof, schon fertig geputzt, – da ist ein Vogelnest, gehen wir das angucken? Das ist da drinnen, das kann man in die Hand nehmen, die Vogelmutter lässt es trotzdem nicht im Stich. – Ah ja: Da ist ja die Mutter schon wieder aus der Stadt zurück«, sagt Liisa plötzlich, als sie aus dem Sprossenfenster blickt, auf dessen Fensterbank ein Armenglück blüht und durch das man jenseits des Wäldchens ein Stück vom Saimaa sehen kann, dunkelblau, windig und wehmütig. Der morsche Holzfußboden in der Diele knarrt tatsächlich; und als die Kätnerin, trocken und braun, mit einem Bündel in der Hand zur Tür hereinkommt, sagt Liisa:
»Ich hab hier Ansichtskarten gezeigt, ihm Gesellschaft geleistet ...«
»Du immer ...«, antwortet die Alte halb böse, während sie Falk die Hand reicht. »Du mit deinen Büchern ... die könnte man ... hast sicher wieder alles Mögliche ausgeplaudert ... selbst nicht ganz bei Trost. – Ja doch, Eier sind da, ein halbes Dutzend ... die kann der Herr haben, wenn er bezahlt. Geh, Tochter, hol sie aus der Küche ...«
Bald kommt die kleine Liisa schon wieder zurück. Aber jetzt hat sie nicht nur die Eier im Arm, sondern auch einen großen Strauß mit Fliederdolden und weiß blühendem Mädesüß und sagt zu Falk:
»Ich hab Ihnen Blumen gebracht ... keine Sorge, davon gibt's genug, hier gibt's im Sommer viele Blumen, noch von der Herrschaft ... Aber kommen Sie doch an Mittsommer zu uns. Hier gibt's so eine runde Gartenlaube aus Flieder. Die adligen Fräuleins haben dort gesessen und Kaffee getrunken, sollen wir mal hingehen? Gehen wir jetzt? Die ist so rund wie ein Vogelnest. Aber kommen Sie an Mittsommer, ganz bestimmt, ja, dann ist mein Bräutigam hier, mit dem sitz ich dann dort. Kommen Sie, bitte ... zur Gesellschaft, Herr Falk.«

Tommola als Sportsmann oder »Mens sana in corpore sano«

Richter Tommola ist unter die Sportler gegangen. Aus Gesundheitsgründen. Sport hatte er auch früher schon getrieben, lang ist's her, als kleiner Knirps bei der Mama, hehe. Damals hatte er auf Papas Hof mit den Brüdern Ringkämpfe ausgetragen und sie in die Haxen gebissen, er war der Jüngste unter den Kindern des Dorfkaufmanns. Und Ski gelaufen sind sie wie die *sieben Brüder*. Aber jetzt hatte er schon lange nichts mehr für seine Gesundheit getan.

Vor kurzem bemerkte er jedoch ein merkwürdiges Stechen in der Brust, das seine Miene verfinsterte und besorgt aussehen ließ, Tommolas heitere Miene, sein rotes Gesicht, das so rund ist wie der Vollmond und glänzt wie eingeseift. Vor Freude glänzte es auch noch kürzlich, wenn er abends massenhaft Schnitzel und Dampfwürste zu sich nahm und dabei über seine Geschäfte sprach, Verdauungsschnäpse kippte und bei sich dachte, wie er später den Weibsbildern hinterher jagen könnte wie ein junger Hengst. Sowas sollte er doch aushalten können, auch wenn er manchmal nachts nicht schlafen konnte, weil ihm seine zukünftigen Geschäfte durch den Kopf gingen, unter anderen sein Handel mit Kleinen Maränen. Aber dann fing dieses Stechen an! Und eine merkwürdige Herzbeklemmung. Oiva Tommola ging beunruhigt zum Arzt. Der vertraute Doktor sagte, ja, die Herznerven seien vielleicht etwas gereizt: Tommola sollte, falls er Ratschläge wolle, abends lieber nur ein Schnitzel und weniger von diesen Pfefferwürsten zu sich nehmen, die Schnäpse und die Weibsbilder seien noch vertretbar … Trotzdem bekam es Tommola mit der Angst zu tun. Ihm fiel der Kommerzienrat Könölin ein, der plötzlich einem Herzschlag erlegen war, nach lebenslangen Anstrengungen gerade zu Reichtum gekommen. Und auch Oiva Tommola hatte vor, eines Tages reich zu sein.

Das war ein trauriges Exempel. Jetzt, so früh, begann die Gesundheit Ränke zu schmieden …

Tommola fasste den Entschluss sich beizeiten tatkräftig um sie zu kümmern. Er kaufte das »Myllersche System« und andere förderliche Sportbücher. Er lieh sich sogar ein Paar teurer Hanteln. Und dann sportelte er morgens und abends. Im Juni begab er sich zur Kur, in die Olafssauna, die Kuranstalt der Kleinstadt.

Doch die Bäder kamen ihn auf die Dauer so unverschämt teuer. Auch über die Masseure der Anstalt ärgerte er sich; mit ihrem morgendlichen Brummschädel kamen diese Grünschnäbel von Studenten, angeblich um ihn zu massieren, nachdem sie ihn eine ganze Stunde im Massagesaal hatten warten lassen, und dann streichelten sie ihm kaum zehn Minuten die Arme und die Beine wie mit einer

Hühnerfeder – und das kostete jedes Mal einen runden Fünfer. Außerdem war es ihm unangenehm, in der Kuranstalt immer Hinkende und Hautkranke zu sehen; und Babuschkas so fett, dass sie, wenn sie sich auf den Parkbänken fläzten, sich nur mit Mühe und Not an der Bank festhalten konnten, denn Arme und Beine schwangen in der Luft. Junge Ludmillas gab's da zwar auch, doch denen durfte er sich, wegen seines Herzfehlers, nicht nähern und jetzt reizten sie ihn erst recht. Genauso wie die Schnitzel und die Würste und die guten Gläschen. Und vor allem: Das Leben und die Behandlung in der Kuranstalt waren so unverschämt teuer.

Und ging es den Kranken dort denn irgendwann besser? Auch Muttinen hatte eine Kur gemacht, wegen seines Ischias, den er sich zugezogen hatte, als er in seinem Sprungfederbett philosophierte. Das hatte schrecklich viel gekostet, aber immer noch humpelte der Aapelus.

Zufälligerweise beschloss auch Muttinen zu der Zeit, nun den besten Teil seines Sommers in Putkinotko zu verbringen, dort zu versuchen seine Haxen auszukurieren, auf volkstümliche Art: mit Sauna, Teer und Sonnenbädern …

»Sauna und Teer!«, rief Oiva Tommola da aus. »Hör mal, Kamerad, ich komm mit dir aufs Land, mein Herz pflegen. Auch ich glaub nicht an diese Kuren. Aber Sauna und Teer, die vielleicht … Und wie ist es mit dem Schnaps!? – Wenn Teer und Schnaps nicht helfen, ist die Krankheit des Todes, sagt ein finnisches Sprichwort … Alte Volksweisheit. Und dann noch Sonnenbäder, und überhaupt das gesunde Landleben …«

Tommola kam zu Aapeli Muttinen auf Besuch.

Dort stand er am ersten Morgen auf mit dem festen Entschluss etwas für seine Gesundheit zu tun – allerdings nicht furchtbar früh, erst um halb zehn, denn auf dem Land muss die Nachtruhe tief sein, so, dass die Füße auf den Boden des Schlafes reichen, hatte Oiva Tommola gesagt. Das war einer seiner Gesundheitsgrundsätze, wie er sie sich in den letzten Tagen zurechtgelegt hatte, als er beschlossen hatte aufs Land zu gehen, Grundsätze, von denen er alle von den Ärzten verschriebenen teuren und zweifelhaften Mittel ausgeschlossen hatte, um desto mehr dem gesunden Landleben den Vorzug zu geben. Dabei, so glaubte er jetzt, seien auch Schnitzel und Schnäpschen vertretbar.

Muttinen blieb auf dem Land morgens genauso lang im Bett wie Tommola. Plötzlich erschrak er, als er aus der Dachkammer nebenan, in der Tommola untergebracht war, einen lauten dumpfen Ton vernahm. Tommola war's, der vom Bett auf den Boden sprang, mit solcher Wucht, dass die ganze Zwischendecke des Landhauses ins Schwanken geriet. Dann fing Tommola an zu turnen. Er »myllerte« und zählte dabei laut: »Eins, zwei, eins, zwei.«

Die Füße stampften auf den Boden, die Rückenwirbel knarrten. Danach stemmte er seine Hanteln. Und schließlich rief er Muttinen durch die Wand zu:

»Hast du schon 'gemyllert', Aapelus? Ich hab. Hör mal, Aapelus, du musst auch mit dem Myllern anfangen, sonst kriegst du deinen Ischias nicht weg. Jeden Morgen, nicht lang, aber feste. Doch jetzt komm, ich geh schwimmen.«

Oiva Tommola stürzt aus dem Dachgeschoss nach unten, so dass Türen und Fenster knallen. Er landet nackt auf der Veranda und lacht zufrieden der Alten von Muttinens Pächter ins Gesicht, die ihn verdutzt von jenseits des Zauns anstiert. Gesundes und natürliches Landleben will er. Dann rennt er vom Haus den Hang hinunter zur Bucht. Am Badeplatz, den er am Abend vorher ausgewählt hatte, springt er sofort in den See. Platsch!, macht das Wasser, spritzt hoch auf. Tommola prustet; wenig später sitzt er mitten in der Bucht auf einem Stein. Dort fängt er dann an zu singen, was Flottes und Ländliches, so ein Schnaderhüpfel, denn gesund muss der Mensch sein, hier auf dem Land, denkt er. So singt er eine Weile mit lauter und schriller Stimme und ein bisschen schief.

Dann rennt er vom Strand wieder nach oben, den Rest des Hangs mit stampfenden Füßen. Er kommt an die Treppe, wo er auf Aapelis Wirtschafterin stößt. »Na, jetzt Kaffee, ist der schon fertig?«, ruft Tommola. Muttinen runzelt die Stirn und verzieht den Mund, denn im Sonnenlicht auf der Treppe lässt sich Tommola, während er auf den Kaffee wartet, auf den Bauch fallen und wälzt sich nackt wie ein abgehäutetes Tier. Tommola fläzt sich eine Weile auf dem Rücken, dann auf dem Bauch. Zwischendurch setzt er sich hin und betrachtet sich, seinen Brustkorb und seine Schenkel. Und da fallen ihm diese jungen Ludmillas ein, hehe.

Auch Muttinen hat es sich auf der Veranda bequem gemacht. Er liest in einem Buch und ist so in die Lektüre vertieft, dass es Tommola zu verdrießen beginnt. Bestimmt was Philosophisches oder irgend so ein fesselnder Roman. Da fängt Tommola an, erst um Muttinen zu ärgern und dann aus der eigenen Begeisterung heraus, über diese Ludmillas zu reden, die jungen und netten, die er in der Stadt zurückgelassen hat.

»Ob diese Ludmillas wohl besser sind als die Schwedinnen?«, fragt Tommola. »Und wie sind wohl die Chinesinnen, weich und kleinfüßig? Und die Negerfrauen, nur ein bisschen was Rotes, hehe. Hast du schon mal so einen Mann gesehen, Aapelus, solche Schenkel? Ist wohl ziemlich überflüssig, das ganze Gerede über die Krankheit … und den Herzfehler behebt es auf jeden Fall, dieses Landleben. Es macht hungrig. Der Kaffee ist doch wohl jetzt fertig?« Tommola geht gucken, ob der Kaffee fertig ist, nackt. Er ist fertig. Tommola ruft Muttinen ins Esszimmer. Da sitzt er dann nackt am Tisch. Die Wirtschafterin traut sich allerdings nicht ins Zimmer, aber was macht das, denkt Tommola. Warum musste Muttinen auch Frauen aus der Stadt hierher schleppen? Tommola macht sich nichts aus so was, aus den Weibsbildern überhaupt, nämlich wenn er seine Gesundheit pflegt, hehe. Für eine bestimmte Sache braucht man sie, aber sonst … Sich sein Sommerleben von ihnen verderben lassen? Nein, er gibt zu verstehen, dass er nun vorhat, auch am Esstisch nackt zu sitzen. Oder nur mit einem Hemd bekleidet. Wie die *sieben Brüder*. Und wenn man sich in den Hemdzipfel schnäuzen dürfte, ganz wie die richtigen sieben Brüder, das wär erst mal lustig …

Bald kommt das Frühstück. Und als Tommola Wurst gegessen und einen Schluck aus der Schnapsflasche genommen hat, die er aufs Land mitgebracht hat, reicht es wohl schon für heute Morgen, hier auf dem Land, wenn man seine Gesundheit pflegt. Tommola verzieht sich in seine Dachkammer zu einem kleinen Verdauungsnickerchen.

Muttinen sitzt auf seinem Balkon und guckt in die Birken, die sich da im Wald wiegen, biegsam und buschig, und das glückliche Lied des Sommers säuseln. Auch Oiva Tommola ist glücklich, wie er da in der Dachkammer liegt, deren Fenster er sorgsam abgedeckt hat, mit ausgestreckten Beinen im Stockdunkeln, nackt unter der Decke.

Plötzlich wird Muttinen wieder einmal aus verschwommenen Träumen geweckt, von Gebrüll aus dem Obergeschoss. Und da kommt auch schon Oiva Tommola polternd herunter. »Jetzt ist unbedingt das Sonnenbad dran«, ruft er. »Man muss sich beizeiten braten. Und jetzt nehmen wir auch diesen Teer mit, hehe. Und wir sporteln, Muttinen. Machen Hochsprung. Guck mal, so! Und so musst du turnen. So eine Bewegung dehnt diese Ischiassehne, das wird im Myllerschen System gezeigt. Was? Ischias? Hahaha. Sagt der Ischias. Das ist gar keine Sehne, sondern ein Nerv? Na, das ist jetzt ein und dasselbe. Aber jetzt holen wir Teer. Und ein langes Seil.«

»Dass du nur nicht vorhast mich zu erhängen?«, sagt Muttinen.

»Nein, springen wollen wir über das Seil«, antwortet Tommola.

Sie holen einen Topf Teer und eine lange Wäscheleine. Dann gehen sie zum Strand, Tommola federnden Schrittes vorweg, Muttinen hinter ihm, ein Buch unterm Arm und seufzend. Die Wirtschafterin hat versprochen, später den Nachmittagskaffee zu bringen.

Die Sonne hat den Sand am Strand schon so erwärmt, dass er auf den Fußsohlen brennt. Muttinen zieht sich aus und stöhnt, wälzt sich im Sand herum, gräbt sich dann eine Grube und stöhnt aufs Neue. Tommola spannt die Leine von einem Baum zum anderen über den Sand und ruft:
»Na, jetzt komm springen, Aapeli! Guck mal zu, so spring ich. – Guck, so hoch bin ich schon gekommen, wir werden noch richtige Kolehmainens, gesunde Männer. Aber jetzt bist du dran. Na, steh schon auf, spring, ich geb dir das Startsignal.«
Muttinen bleibt nichts anderes übrig als zu springen. Tommola lacht.
»Doch nicht so! Du musst Anlauf nehmen! Hahaa, jetzt bist du auf die Schnauze gefallen. Aber guck, ich spring noch ein Stück höher! Jetzt lauf ich los, so geht das mit dem Anlauf ... Jetzt gibst du das Signal ...«
Sie springen. Und dann laufen sie. Und als Muttinen schnaufend und schweißnass wieder im Sand sitzt, sagt Tommola:
»So ist es richtig. War wohl gut, dass wir hergekommen sind. Ich glaube, dieser Teer und dieser Schnaps ... Aber hör mal, dein Pächter hat mir gesagt, dass Kienöl bei Trockenkrankheit gut ist für die Beine – das ist doch wohl dasselbe wie Ischias – noch besser als Teer, den du verwenden willst, und dann hat er noch gesagt, dass man schmerzende Stellen einschmieren sollte mit ... was war das noch ...? Kolowedium und Bärenfett. Hahaa, was das ist? Kolowedium, Wehsalbe? Ach so, Kollodium. Na, egal, aber jetzt wollen wir uns erst mal einteeren. Guck, so teert sich ein Mann.«
»Teerst du dir auch den Kopf?«, ruft Muttinen. »Hihihi, deine Haare sind ganz mit Teer beschmiert ... Und jetzt wälzt du dich auch noch im Sand ...«
»Ja, das ist gut für die Kopfhaut«, sagt Tommola. Man muss gründlich vorgehen. Teerst du dir nur das Bein?«
»Mir tut ja nur das Bein weh«, sagt Muttinen.
»Ja, aber mir kann auch alles andere anfangen wehzutun«, entgegnet Tommola. »Deshalb rüste ich mich beizeiten. Ich bin so geteert und sandpaniert wie was? Wie Caliban? Was ist das? Ach, egal was! Gesundheit ist was anderes. Die muss man beizeiten pflegen, sonst kann es irgendwann mal zu spät sein... Verdammt, wie der Teer in den Augen brennt ... Schmier dir auch mal Teer in die Augen, dann merkst du, zum Teufel, wie das brennt! Nein, sollte man den Teer wirklich lieber aus den Augen waschen?«
»Vielleicht ist das das Beste«, sagt Muttinen. »Sonst geht es dir noch so wie dem vergoldeten Jüngling in Mereschkowskis ›Vinci‹. Wo, fragst du? Das ist so ein Buch. Nun, da starb ein Jüngling, als man seinen Körper ganz vergoldete.« »Der

starb?«, ruft Tommola. »Mereschkowski? Und Caliban? Das kann also gefährlich sein, so ein Verstopfen der Schweißporen. Was machen wir jetzt? Nein, so geht's nicht. Wir müssen einen Waschkessel holen, damit wir uns Waschwasser kochen können. Ich geh ihn holen. Du, Aapelus, kannst in der Zeit Reisig für das Feuer sammeln.«
Tommola steigt zum Haus hinauf, sein nackter Körper glänzt vom Teer und ist an manchen Stellen rau vom Sand; das Gesicht ist so von Teer bedeckt, dass von den Augen nur noch ein bläulicher Schimmer zu sehen ist. – Als er wieder am Strand ist, sagt er zu Muttinen:
»Was, da hat mein Intimus immer noch kein Wasserkochholz gesammelt? Hm, immer nur die Nase im Buch. Sind mir egal – die Romane ... jetzt im Sommer. Das Wichtigste für den Menschen ist, dass er gesund ist. Und deshalb darf man sich nicht überanstrengen, muss stattdessen Sport treiben. Sport treiben ... ein gesunder Mann. Oh, was gibt's hier im Wald viel Reisig. Da müsste man mal aufräumen ... gibt's auch noch Geld, wenn man's verkauft ... wär wie im Paradies ... Und zehn Evas müssten hier herumlaufen, nackt, hehe, wenn das hier meins wär. Wie wohl diese Negerfrauen sind ... oder die Javanerinnen ...«
Nachdem die beiden Männer ihren Teer am Feuer geröstet und ihn mit heißem Wasser weggespült haben, werfen sie sich wieder in den Sand, zum Sonnenbad. Eine Weile liegen sie dort schweigend. Die Sonne strahlt ihnen ins Gesicht, ihre heißen Wärmewellen fluten über ihre Körper, von einer Gliedmaße zur anderen. Auf dem ruhigen See weiter draußen ziehen dröhnend und stampfend Teerdampfer vorbei. Kleine kristallen schimmernde Wellen plätschern auf den sandigen Strand, in leichter, spielerischer Folge. Und wenn dann die Schiffe vorbeigezogen sind, rollen schäumend richtige, hohe Wellen heran. Sie tosen eine Weile, legen sich dann, verstummen zu einem sanften Flüstern.
Alles ist still; ein paar zarte Wölkchen segeln an der Sonne vorbei. Die Wasserspiegelungen zittern in den Wipfeln der Kiefern am Ufer: Es sieht aus, als ob die Bäume dampften. Alles ist Licht und Wärme.
Sowas macht Tommola unruhig, diese Schönheit, gleichsam die Nichtexistenz von allem. Ihm fallen auch die Geschäfte ein, von denen er sich mehr verspricht, als sie in Wirklichkeit einbringen. Und er hat doch beschlossen an nichts zu denken, sich hier auf dem Land auszuruhen, seine Gesundheit zu pflegen. Auch die jungen Ludmillas ziehen ihm wieder so lebendig vor die Augen ...
Und die wilden Javanerinnen, sogar die Zigeunermädchen ... hier, wo er über den Rückzug ins Landleben nachdenkt ... Deshalb fängt Tommola bald an,

Muttinen von diesen Frauen zu erzählen, von den Ludmillas und den Chinesinnen und den Zigeunermädchen. Und wie wohl die Frauen der Zwergvölker wären? Hätten die wohl … Und von den Geschäften: Er würde sich jetzt gern von irgendeinem Künstler – solche, die billige Arbeit suchen, gibt's viele – ein Bilderbuch in Linoleum schneiden lassen. Er würde das Buch auf solchen Platten drucken lassen, mit ein paar Farben. Und Muttinen würde es dann in seinem Laden verkaufen. »Das wäre ein findiges Geschäft, nicht wahr, hehe?«

Muttinen hört eine Weile zu, wird müde, liegt schweigend da. Wieder Stille. Das stört Tommola immer noch. Er dreht sich im Sand immer wieder von einer Seite auf die andere. Und dann ruft er aus:

»Nein, schwimmen muss man, Sport treiben; Gesundheit über alles …«

Er läuft zum Rand des Felsens, lässt sich in den See plumpsen, zeigt auf dem Rücken liegend, wie ein Einmaster segelt oder wie ein Heckmotor prustet, und ruft: »Komm ins Wasser, planschen, Aapeli. Was, die Ärzte? Der kann ruhig mal … dein Ischias. Aber hör mal, wenn wir jetzt wirklich dieses Bärenfett ausprobieren würden, wenn wir damit deine Haxen einreiben würden? Die Alte von deinem Pächter hat das. Aber hier siehst du einen Mann! Wir müssen versuchen uns selbst zu heilen. Ich komm jetzt raus, machen wir einen Ringkampf! Einen Nelson … Oder laufen wir um die Wette. Ich bin diesmal der Starter. Na, machst du mit? Nein, aber da kommt ja schon der Kaffee …« Wirklich taucht Lyygia aus dem Wäldchen am Strand auf und bringt die Kaffeeutensilien. Der Anblick einer Frau ärgert Tommola und erregt ihn zugleich, hier … Ihm fallen die jungen Ludmillas in der Stadt ein … und die Zigeunermädchen …

Deshalb schmettert er aus Zorn wie auch aus merkwürdiger Freude wieder ein Schnaderhüpfel, mit lauter und schiefer Stimme … Dann trinken sie Kaffee, zu dritt, und dabei macht sich Tommola seine Gedanken über die Negerfrauen und rechnet wieder voller Begeisterung aus, welchen Profit er mit dem Bilderbuch erzielen könnte. Aber dann überkommt ihn allmählich die Müdigkeit, vom Einteeren und Schwimmen und vor allem vom Sonnenbad. Deshalb sagt er: »Nein, jetzt muss ich mich hinlegen gehen, meine Gesundheit pflegen, bis zum Essen und bis die Post kommt, in der für mich, lieber Aapelus, ein ganz besonderes Buch sein müsste, über den Krieg zwischen Gog und Magog. Das sehen wir uns dann zusammen an.« Und Tommola geht sich hinlegen.

Weit draußen auf dem See ziehen Teerdampfer und Schuten vorbei. Die Wellen rollen an den Strand. Der Wald strömt einen frischen und warmen Duft aus. Irgendwo hebt ein Prachttaucher zu seinem klagenden Gesang an … jetzt hebt sich dort sein schwarzer Kopf aus dem Wasser; er schwimmt zu seinen Artgenossen, von denen immer mehr auftauchen und dem Einsamen singend entgegeneilen; der ganze Schwarm paddelt in langer Reihe zwischen die Inseln. Lyygia sieht Muttinen mit leuchtenden Augen an und setzt sich einen Kranz aus buschigen Farnen auf den Kopf; sie lächeln vor Glück.

Als sie zum Essen gehen, ist Oiva Tommola schon wach. Sein Körper hatte so gebrannt, dass er im Bett die Schultern drehen und rubbeln musste. Es hatte ihn ganz unruhig gemacht: Wenn es nun mit dem Sonnenbad zu viel war und der Teer das Herz strapaziert hatte? Er stand also auf, ging nach unten und suchte in Muttinens Schränken nach Vaseline zum Einreiben seiner heißen Haut. Vaseline fand er nicht. Na, da holte er sich beim Putkinotko-Pächter das, was man Bärenfett nannte, und rieb sich damit seinen brennenden Körper und sein rundes Gesicht ein. Pfui, das stank, wonach auch immer, aber ... Dann ging er ins Wohnzimmer, um auf das Essen und auf die Post zu warten. Da wartete er dann, glühend rot und mit verwunderten Augen, denn ihm kam das Alleinsein hier auf dem Land so merkwürdig vor. So nahm er, um sich die Zeit zu vertreiben, irgendein Buch aus dem Regal und fing an zu lesen, wobei er sich fragte, ob darin wohl etwas Unterhaltsames stünde. Aber sein eigenes Buch war noch nicht gekommen. Nun, dieses Buch war zufälligerweise eins von Tolstoi. Tommola liest mit Ernst. Nach ein paar Minuten aber, genau in dem Moment, als Muttinen vom Strand kommt, hebt er nervös den Kopf und sieht so aus, als ob er sich Gedanken über das Gelesene machen wollte. Offenbar hat er dazu keine Kraft, denn jetzt knallt er das Buch auf den Tisch, steht auf und sagt:

»Aus Tolstoi mach ich mir nichts ... Seine Romane sind so ... in ihnen ist alles, wie es ist! Und dann philosophiert er über Ungerechtigkeiten ... Weil alles ungerecht ist. Nein, gesund muss ein Mann sein ... Und ich geb einen Dreck auf Tolstoi. Richtige Romane, ja die ... Aber hör mal, das Sonnenbad brennt ganz schön ... oder war es vielleicht der Teer? Jetzt müsste Vaseline her.«

Vaseline ist doch da; Tommolas Schultern werden über dem Bärenfett mit Vaseline eingerieben, sogar Brust und Gesicht. Das macht auch Muttinen Spaß. Sie lachen und dann reden sie über Frauen, über Tommolas Negerinnen. Dann sagt Tommola: »Aber das wird doch gut. Sieh mal, so muss man das Herz kräftigen, mit solchen Bewegungen, heißt es in den Sportbüchern. Der Mensch muss seinen Körper pflegen. Ausgezeichnet, dieses Landleben. Doch die Zeit muss man effektiv nutzen. Was meinst du, Aapelus, sollen wir nach dem Essen angeln gehen? Das tun wir. Ich geh jetzt schon mal Würmer buddeln, hehe. Und dann fangen wir prächtige Aalraupen, kiloschwere! Aber he, da kommt ja schon die Post. Erst die Post, da sind vielleicht wichtige Sachen aus der Welt dabei. Und das neue Buch, das ist hier. – Was gibt's Neues über den Krieg zwischen den Großmächten? – Sieh mal einer an, die Deutschen haben jetzt auch schon Rumänien besiegt, Bukarest erobert, diese Teufel. Das sind Kerle … mit ihren Erfindungen … Würden sie mal was erfinden … würden sie mal Rotzbazillen in die feindliche Armee schießen, hehehe. Ein unbesiegbares Volk, diese Teutonen …«

Tommola summt etwas, bald kann man Wörter unterscheiden: »Steige, eile, Sprach' der Finnen …« Und dann fährt er fort:

»Aber gerade in Deutschland gibt's Gesundheit … oder Sportler … die Studenten fechten nämlich … und trotzdem trinken sie Bier und philosophieren nicht … Und das Volk gehorcht! Wenn wir da wären, wüsste ich, was ich mit den Streikern täte, die immer noch mehr Lohn fordern … Aber was gibt's Neues aus der finnischen Sportwelt? Guck mal an, der Kenkura hat schon wieder einen Weltrekord errungen, im Springen, in Filadelfia. Das, das ist … finnisch. Wir sind auch schon die Ersten im Fußball … und im Marathonlauf; wir sind ganz wie die alten Griechen, hehe. Laufen Marathon. Solche Kerle sollten wir mehr haben … Sportler, gesunde … Es heißt, selbst der deutsche Kaiser hat von uns Finnen gesagt, hätte ich nur mehr solche. Es lebe Kenkura. Aber nehmen wir uns ein Beispiel an ihm: pflegen wir unsere Gesundheit gut. Wenn wir gegessen haben, Wurst, und einen ordentlichen Schnaps, dann gehen wir angeln.«

Sie bekommen ihr Essen. Sie gehen angeln. Rudern zu dritt, mit gehobenem Bug, weil Muttinens Gewicht das Boot hinten nach unten drückt.

Libellen segeln auf silbernen, knisternden Flügeln. Das Bild der Sonne auf dem Wasser blendet die Augen, dicht bewachsene Ufer steigen bläulich aus der Tiefe auf. Dann färbt sich der Wald im Abendglühen allmählich rot. Mücken sirren in der Luft, Brachvögel flattern über einer saftigen Wiese und stoßen um ihren Brutplatz herum klagende Rufe aus. Auch das letzte Lüftchen kommt zur Ruhe. Die Birken träumen, eine Singdrossel stimmt ihr sanftes Lied an. Lyygia lauscht; eine unbestimmte Wehmut ob all der Schönheit erschüttert Muttinens Gemüt. Lyygia wirft einen Blick auf Muttinen, ihre Lippen zittern, und sie dreht sich weg. Tommola ist voller Unruhe. Was müssen auch diese Libellen gerade hierher kommen, an den Bug, und mit der Angelrute herumspielen.

Ihrer sind hunderte und aberhunderte … Und die Frauen da in der Stadt …

»Geht ihr da weg«, faucht Tommola die Libellen an und schlägt mit der Angelrute nach ihnen. – »Nichts beißt an, es ist zu ruhig«, sagt Muttinen.

»Na, dann singen wir eben!«, meint Tommola und stimmt ein Lied an. Muttinen lacht darüber, und dann singen sie gemeinsam. Dann wieder Stille. Lang hält die an. Schließlich sagt Oiva Tommola: »Nein, aber hör mal, wir müssen wohl jetzt nach Hause. Die Sauna muss eingeheizt werden. Sauna und Teer sind hier doch Bestandteile der Gesundheitskur. Und ich hab mir gedacht, dass ich mir heute Abend so ein Reibesitzbad á la Kuhne gönne. Du hast doch sicher irgend so einen Waschzuber? Das ist schon ein seltsames Heilmittel, so ein Kuhne'sches Bad: Dabei sollen Nierenkrankheiten und alles Mögliche verschwinden. Ich versuch's mal damit, wegen meines Herzens. In den Büchern steht jedoch, dass man sehr sorgsam dabei verfahren muss. Das Bad darf nicht zu kalt und auch nicht zu warm sein ...«

Sie rudern nach Hause und Tommola heizt die Sauna ein. Aber damit vergeht schon der Abend, und hier auf dem Land sollte man, wie Tommola meint, früh schlafen gehen; deshalb hat er keine Lust mehr darauf zu warten, dass auch die dritte Ofenfüllung heruntergebrannt ist, sondern löscht die Glut in den letzten Scheiten, indem er ein bisschen Wasser unter den Ofen schüttet. Aber beim Einheizen nimmt er ein Kuhne'sches Bad und liest. Er hat den »Krieg zwischen Gog und Magog« mitgenommen, den er studiert, während er sich Gesäß und Arme überspült.

Da kommt Muttinen in die Sauna. Er sagt: »Was, zum Türken, für ein Brodem, immer noch!«

»Brodem? Was soll das denn sein? Rauch? Na, den müssen wir dann eben mit einem Aufguss vertreiben«, antwortet Tommola. »Aber fühl mal mein Gesäß, wie kalt das jetzt ist. So gehorcht der Blutkreislauf im Mann, hehe! Aber dann muss man es ganz feste mit dem Birkenbüschel bearbeiten, damit es sich wieder erhitzt. So wird es gesund. So ein Kuhne'sches Bad, das würde auch dir gut tun, Aapeli. Ich reibe mich jetzt mit Kienöl ein, bevor ich mich oben auf die Saunabank setze. Das ist ein Volksheilmittel, obwohl es stinkt. Jetzt ... ich glaub, ich hab auch so ein Gefühl in meinem Oberschenkel, da an der Wurzel ... so ein Ziehen ... Ob das wohl Ischias ist? Dem muss man beizeiten mit einem Aufguss begegnen ...«

Tommola gießt Wasser auf die Steine und steigt dann auf die Saunabank:

»Au, zum Teufel, das brennt ... dieser Sonnenbrand. Das Kienöl war wohl doch keine gute Idee? Hätte mich vielleicht lieber mit Vaseline einschmieren sollen. Auch du, Aapeli, hättest dich einschmieren müssen. Man kann seine Nerven auf immer ruinieren, wenn man sich nach einem Sonnenbad nicht ein bisschen mit Vaseline einschmiert. – Ooh... Brrr! Das war ein Aufguss! Aber jetzt hilft alles nichts, ich geh noch mal in den See. Das ist nur das Finale ... Wenn man hier auf dem Land nicht wieder gesund wird, dann nirgendwo. Und das kommt einen nicht einmal teuer, hehe.«

Tommola hat geschwommen, Tommola hat nackt ein üppiges Mahl zu sich genommen. Tommola ist schlafen gegangen.

Im Haus herrscht jetzt Ruhe. Aus den Wiesen und Wäldern steigt Abendduft, in der Ferne singt eine Drossel. Das Licht ist golden, das warme Wasser in der Bucht unbewegt. Muttinen liegt, eine Hand unterm Kopf, ausgestreckt in seinem Zimmer und macht sich Gedanken über den Lauf der Welt.

Da poltert es in der Nachbarkammer. Dort dreht sich Tommola so heftig in seinem Bett um, dass der Boden schwankt. Er jagt eine Mücke und schlägt sich dabei mit der Hand so fest auf den Schenkel, dass es knallt. Er hat zwar das Fenster zugehängt, aber dann hat sich doch eine Mücke …

Jetzt fängt er an zu stöhnen. Und schließlich fragt er, ob Aapeli schlafe … Er selbst schlafe nicht. Er habe sich Gedanken gemacht über diesen Magog-Krieg … Seltsames Buch! Ob Aapelus das noch nicht gelesen habe, er sei doch schließlich Buchhändler? Über dieses Buch spreche man zu Recht.

Da wird prophezeit … auf der Grundlage der Bibel. Komisch … unbegreiflich … da wird dieser Krieg zwischen den Großmächten prophezeit … und dass der Russen-Zar sein Reich aus seinem Fenster sieht. Das stimme ja schon.

»Was fragst du, Aapeli? Ob wörtlich die Rede vom russischen Zaren ist? Nein, aber der ist gemeint. Und es wird prophezeit, dass sich Finnland befreit. Stimmt nicht auch das? Komisch, dass man sowas prophezeien kann. So als würde man es im Traum sehen. Ich … ich träume von nichts… nur von Frauen … hehe. Aber hör mal, Muttinen, ich … ich glaub, ich bin krank …« »Krank?«, fragt Muttinen. »Ja, das Abendessen hat nicht richtig geschmeckt. Und jetzt hab ich das Gefühl, ich muss mich übergeben. Ich kann nicht einschlafen. Auch der Kopf tut mir weh. Was, verdammt noch mal, musste ich auch dieses Buch vom Magog-Krieg lesen! Von so was kann man ja verrückt werden. So jemand wie ich ist nicht dafür geschaffen solche Sachen zu verstehen … solche Philosophen. Der Mensch sollte überhaupt nichts lesen, das macht nur schlaflos. Pfui, jetzt muss ich kotzen … Hahaha, den Rat geb ich Tolstoi … komm, Muttinen … Dieser Maakoch, Meerkoch …«

Muttinen murmelt etwas von Sonnenbädern und Teer und Kienöl und Vaseline und Schwimmen und rauchenden Saunas und Kuhne'schen Bädern und Bärenfett, als er nach unten geht, um dem kranken Kerl einen Schnaps zu holen. Als er zurückkommt, sitzt Tommola bleich auf dem Bettrand, mal wirft er sich aufs

Bett, dann setzt er sich wieder auf und jammert: »Oje oje, was ist mir kalt … fühlt sich fast wie Schüttelfrost an … Ob es das Herz ist …? Du hast nicht vielleicht Kampfer? Wenn dieser Teer vielleicht … die Poren verstopft hat? Wie hieß noch dieses Buch, in dem der Engel gestorben ist, als er vergoldet wurde? – Nein, ich halte das nicht aus … Aapelus, du musst nach jemandem schicken… Wenn es das Herz ist… fühl mal, wie es pocht … mir ist so übel … jemanden nach dem Arzt schicken. Oje, dass ich aber auch … hier im Wald sein muss! Wenn, wenn dies … wenn der Arzt vielleicht gelogen hat, als er sagte, dass es nur die Herznerven seien … Vielleicht ist da noch was anderes. Nein, lass nicht den Arzt holen! Jetzt kommt es schon raus. Nein, doch nicht. Uuuuh, wer soll das glauben … Muttinen, lass doch den Arzt ho…holen. Ich war noch nie krank, und jetzt ist's passiert. Schnell der Arzt, armer Aapeli … Oje, woher kommt das wohl? Was glaubst du, Aapeli, könnte wohl … Könnten wohl in den Würsten, die ich aus der Stadt mitgebracht hatte, Knochen gewesen sein?«

Heitukkas Schicksal oder Eine Mutter vom Lande

Der Kontorist Heitukka ist ein hässliches Geschöpf. Sein Kopf ist groß, seine Beine krumm, sein Mund wie der eines Fisches, so schief rutscht sein Unterkiefer Richtung Hals, und unter der traurigen Stirn gucken Augen hervor, von denen eins schielt; sie sehen gerade dann fast böse aus, wenn er seine Lippen zu einem freundlichen Lächeln verzieht.

Auch von seiner Begabung her ist er arm dran, nur mit Mühe hat er die Handelsschule geschafft und ist Kontorist geworden; das wissen alle, die vielleicht manchmal an ihn denken. Davon gibt es aber nicht viele, denn jeder weiß ja, dass Heitukka auch trinkt. In den letzten Jahren ist es damit richtig schlimm geworden. Was mag der Grund gewesen sein, dass er zum Trinker geworden ist? Aber wer wird sich darüber schon den Kopf zerbrochen haben?

Allerdings erzählen die, die in ihren Plaudereien vielleicht auch auf Heitukka zu sprechen kommen, dass er gewisse Pläne im Hinblick auf die Tochter von Kommerzienrat Könölin gehabt habe, der Arme, damals als sich Lauri Falk und Svea verlobten. Man hörte auch später von Heitukka, als Könölin gestorben war und Lauri Svea Könölin verlassen hatte, dass er sich Svea anzunähern versucht habe, aber diese dachte natürlich nur an Falk. Was sollte sie schon mit Heitukka?

Kümmerlich war das Leben des Kontoristen gewesen, als er seinen Gönner, den Kommerzienrat, verloren hatte; er hatte es in Kaufläden versucht, aber es reichte bei ihm auch nicht zum Buchhalter, nicht einmal zum Verkäufer.

Seither lebt er irgendwie, hält sich in anderen Orten und auch hier in der Vorstadt auf, gleichsam wie im Verborgenen, dieser Trinker. Im Sommer angelt er, um sich ein bisschen Geld fürs Trinken zu verdienen.

Die wenigen jedoch, die Heitukka besser kennen, wissen, dass er schon lange vor Könölins Tod und Sveas Verlobung mit dem Trinken begann.

Schon Jahre zuvor hatte er gebechert – damals, als sein Häuschen abbrannte. Es gibt sogar Leute, denen der arme Mann angeblich sein Herz ausgeschüttet hat. Und die erzählen es dann vielleicht weiter, ohne sich was Böses dabei zu denken.

Mertsi Heitukka stammt aus einem Dorf im Hinterland, wo sein Vater Gerber gewesen sein soll. Dieser hatte gleich mit dem Trinken begonnen, als er Mertsis Mutter geheiratet hatte. Er hatte seine Gerberwerkstatt vertrunken, gleichsam aus Trotz. Und dann war er auf dem See ertrunken, im Rausch, wie es hieß.

Denn seine Frau, Mertsis Mutter, war so eine, die lebte, wie sie wollte. Sie amüsierte sich mit Männern – ja, mitten am helllichten Tag war sie die Hauptstraße ihres Dorfes entlanggegangen, von Getränken dunstend, stolzen Schrittes in buntem Cretonne, angeberisch und erhobenen Kopfes. Der Gerber konnte, wenn es nach ihr ging, ruhig im Moor versinken.

Als er starb, fiel die Werkstatt an die Gläubiger. Aber die damals noch junge Witwe verschwand aus dem Dorf und überließ ihren Sohn der Gnade der Leute.

Auf seinen Bettelzügen war Mertsi schließlich an eine anständige Familie geraten, die ihn sogar in die Volksschule schickte.

Dort hatten ihm sein schielendes Auge und überhaupt seine Hässlichkeit Kummer bereitet; man nannte ihn Krummbein und Klotzkopf …

Mit dem Kopf hatte er jedoch immerhin die Volksschule geschafft und dann hatte er sich nach etwas Besserem zu sehnen begonnen.

Und wie das Leben so spielt: Als er als Gehilfe bei einem Kaufmann war, hörte er zufällig, dass der Kommerzienrat Könölin in Person mit ihm verwandt sei, weitläufig, aus demselben Dorf stammte wie er. Und da hatte ihn sein Vorgesetzter, der Kaufmann, dazu gebracht, sich an Könölin zu wenden und ihn um Unterstützung zu bitten, weil Mertsi doch überlegte, wie er in die Handelsschule käme.

Mertsi war bei Könölin vorstellig geworden und der hatte ihm dann auch die ganze Schulzeit über ein bisschen unter die Arme gegriffen.

Aber auch in der Schule bereiteten Armut und Hässlichkeit Mertsi Kummer. Immer blieb er dort ein Einzelgänger. Welches Mädchen hätte auch für so ein Schielauge etwas anderes empfinden können als höchstenfalls Mitleid?

Und eine solche Vereinsamung und Verbitterung hatte sich allmählich bei Mertsi Heitukka eingestellt, dass er, als er die Handelsschule verlassen und eine bescheidene Anstellung im Sägewerk von Kommerzienrat Könölin angetreten hatte, brennendes Verlangen nach Nähe, nach Liebe zu verspüren begann. Damals nahm sein trauriges Schicksal seinen Anfang. Brennendes Verlangen zu verspüren nach etwas Eigenem, einem Angehörigen, dem er sich anschließen könnte.

Ja, damals hatte er angefangen sich nach seinen Verwandten umzuhören. Sicher hatte er besonders seine Mutter gemeint, sie aber nicht erwähnt, denn von ihr hatte er schon als Kind solche Dinge gehört, dass er keine Lust verspürte zu fragen, wo sie sei.

So konnte der junge Mann also nicht nach seiner Mutter fragen, auch wenn er wohl schon viele Jahre gerade sie schmerzlich vermisst hatte. Er mochte befürchten, dass man ihm dieselben Geschichten auftischte wie schon als Kind, ihm, der sich selbst seine Mutter als liebevoll und gut vorstellte, als die beste Trösterin. Als er sich so nach seinen Verwandten erkundigte, erfuhr Heitukka, dass seine Mutter noch lebte, in irgendeinem anderen Dorf. Man teilte ihm auch mit, dass er noch eine Schwester habe, nach dem Tod des Gerbers geboren. Die war von der Mutter im Armenhaus abgegeben worden – von dort war sie weggelaufen – und dürfte auf den Straßen von Helsinki gelandet sein. Von der Mutter erzählte man ihm mehr nicht.

Diese Andeutungen stimmten Mertsi traurig, aber er machte sich noch nichts weiter daraus. Wer konnte wissen, welches Schicksal seine Mutter erlitten hatte – vielleicht war sie zu all dem durch Elend und Armut gezwungen gewesen. Und bestimmt hatte sie ihm auch aus irgendeinem geheimen und gefühlvollen Grund den Taufnamen Mertsi gegeben – von Schmerz: ein Name aus dem Genoveva-Buch, der von Genovevas Söhnchen.

Jetzt wollte Mertsi Heitukka seine Mutter sehen. Und vielleicht auch ein bisschen von sich zeigen. Wenigstens jemandem – dass er nun da war, als Mann, sogar als Kontorist, trotz seines harten Schicksals.

Deshalb begab er sich in das Dorf, in dem seine Mutter wohnen sollte. Dort erfuhr er, dass sie in einer Kate mitten in der Wildnis lebte und wieder krank war, wie schon früher so oft. Heitukka eilte zu ihr. Es war ein Tag im Juli; die Heide, die Heitukka überquerte – richtig fein gekleidet: einen hellen Filzhut auf dem Kopf, den Kragen bis zu den Ohren, mit einem rotgrünen Tuch um den Hals, einen Stock in der Hand – , dampfte vor Hitze; am Wegesrand glühten kleine rote Heidenelken.

Erschüttert war Mertsi durch die niedrige Tür in die Stube geschlüpft, wo seine Mutter lag. Ernst und glücklich war er – seine prächtige Krawatte zurechtrückend – an das Bett getreten, wo sich die Mutter wälzte, und hatte ihr die Hand gereicht.

So begrüßten sie sich. Die Mutter betrachtete den Sohn, ließ sich zu Seufzern rühren. Aber als Mertsi dann einen gleichsam forschenden Ton angeschlagen hatte, unterbrach sie ihn plötzlich und sagte, so dass es alle in der Kate hören konnten:

»Richtig hässlich, wie hässlich ist er tatsächlich geworden.«

Das mochte Mertsi seltsam ans Herz gehen. Aber er wusste ja, dass die Mutter die Wahrheit sagte – und natürlich hatte sie das nur getan, um ihre anderen Gefühle zu verbergen. Wenn er auch jetzt nicht der Mutter näher kam, so würde sie sich ihm dann sicher nähern, später, wenn sie wieder gesünder war. Ja, dann, wenn Mertsi sie zu sich genommen hatte, denn das hatte er vor. Und das tat er auch. Er kehrte seinen Geldbeutel nach außen und schickte der Mutter Medikamente; und er brachte sie in der Stadt zum Doktor, bekam sie sogar wieder gesund. Erleichterter hatte Mertsi dann sein Leben im Sägewerk fortgesetzt, in seiner bescheidenen Anstellung, als unbedeutender Komplize des schlitzohrigen Könölin, wie er sich im

Rausch ausdrückte. Jetzt war er auch glücklich. Denn er hatte seinen großen Plan: Er würde ein Häuschen für sich und seine Mutter beschaffen.

Mit Könölins kleiner Unterstützung schaffte er das auch. Das war im Spätsommer gewesen. Ziemlich weit lag das Häuschen von der Stadt, auf einer einsamen Halbinsel; sehr klein war es und aus rohem, angegrautem Holz. Aber er wollte den Stall in Ordnung bringen lassen und alles. Und dort im Sommer mit seiner Mutter wohnen, immer seinen Urlaub verbringen und dort seine Mutter versorgen lassen. Für diese würde er jemanden anstellen, der das Land um das Häuschen herum bebaute. Und auch Hühner sollte es dort geben und Stachelbeerbüsche wollte Mertsi dort anpflanzen. Ja, die Mutter musste für ihn da sein und er für die Mutter.

Als er das Häuschen gekauft und es ein bisschen in Ordnung gebracht hatte, hatte er der Mutter umgehend einen Brief aufs Land geschickt und sie gebeten, sich dieses Anwesen angucken zu gehen, weil er aus beruflichen Gründen selbst nicht gleich dazu komme. Aber er versprach die Mutter am kommenden Sonntag im Häuschen zu besuchen. Und so betrat er an besagtem Sonntag mit einem Gastgeschenk unterm Arm sein Häuschen.

Unterwegs hörte er in einem Haus, in dem er vorbeischaute, dass die Mutter zwar schon im Häuschen gewesen war, aber gesagt hatte, sie sei nicht zufrieden damit: Sie müsse eine eigene Kammer haben, eine Magd müsse her und auch zwei, drei Kühe. Nun, Mertsi Heitukka schmunzelte nur darüber: Wenn die arme Mutter nur wüsste, wie schwierig schon die Beschaffung dieser einen Stube gewesen war! Aber vielleicht würde er für die Mutter mehr Platz schaffen – und alles andere, die Kuh natürlich bald, dann wenn er jemand für die Bestellung der Felder gefunden hätte; und zum Schluss auch die Magd, für die Mutter.

Im nächsten Haus erzählten die Leute Heitukka, dass die Mutter über das Vorige hinaus gesagt hatte, dass es ihr noch einmal gut ergehen werde, so wie früher: Einen Sohn habe sie, der müsse sie ernähren, das müsse er; so ein Weib sei sie, im Alter genauso resolut wie als junge Frau. Das bestürzte Mertsi. Und als er schließlich im dritten Haus hörte, dass sich die Mutter dort über ihn beklagt hatte, ihn wieder hässlich geschimpft, einen nutzlosen Kontoristen genannt hatte, der kümmerliche hundert im Monat verdiente – und dann hatte sie auch noch damit gedroht ihn anzuzeigen, wenn sie nicht eine bessere Wohnung als dieses abgelegene Häuschen von ihm bekäme, so eine Wohnung, wie sie sich für die Witwe eines ehemaligen Gerbers ziemte – da verließ Mertsi dieses Haus mit höchst düsteren Gedanken. Und dann am Abend saß er in der kleinen Stube seines Häuschens, an einem schwelenden Feuer, bitter und unglücklich, und wartete schaudernd auf seine Mutter, weil er von ihr eine Erklärung wollte für all diese Geschichten, die ihm zu Ohren gekommen waren.

Die Mutter war dann später auch gekommen. Mertsi, der so etwas nicht von einer Mutter für möglich gehalten hatte, von einer so ersehnten, die ihm den Namen Schmerz gegeben hatte, wollte die Wahrheit in den Augen seiner Mutter sehen, eine schönere Wahrheit als die, die man im Dorf erzählte. Die Tür öffnete sich zu einem dämmrigen Herbstabend. Mertsi richtete den Blick auf die Eintretende, ohne ein Wort zu sagen, wohl flehentlich. Da sah er auf den Lippen der Mutter ein ängstliches und unterwürfiges Lächeln. Er hob entsetzt den Kopf, wie gegen eine Bedrohung. Die Augen der Mutter antworteten ihm voller Trotz; Mertsi meinte, sie sprühten Hohn. Er verlangte eine Erklärung für das, was er im Dorf gehört hatte. Die Mutter antwortete ihm, indem sie ihm mit dem Gericht drohte: Sie wolle die ihr zustehende Rente, keine Hütte in der Wildnis. Da war Heitukka aufgestanden, hatte ihr die Tür gewiesen und »Raus!« geschrieen.

Die Mutter war gegangen, unter Drohungen und Gelächter. Heitukka hatte nicht die Kraft sich von der Stelle zu rühren, obwohl er dieser Frau hätte hinterherlaufen wollen, sie umbringen, denn Muttermörder wäre er gern geworden. Wie auch hätte er, der arme Dummkopf, die gewöhnlichen Launen der Natur, die Krankhaftigkeiten der Seelen verstehen sollen? Wie hätte er die Goldkörnchen hervorzaubern können, die vielleicht am Boden dieses ganzen Elends verborgen lagen? Wahrscheinlich hätte er sich nur zu gern mit Körnchen zufrieden gegeben, wenn er sie bekommen hätte. Nein, Heitukka stand ein bisschen später auf, nahm ein brennendes Holzscheit aus dem Ofen und zündete sein Häuschen an. Das ist die Wahrheit über den Brand des Häuschens. Dann war er von dort weggegangen, mit verstümmelter Seele, während die Flammen hinter ihm in den schwarzen Himmel loderten.

Zu der Zeit begann er zu trinken. Wenn ihn jemand nach dem Häuschen fragte – denn er hatte bei der Planung seines Glückes den Leuten schon davon erzählt – sagte er, es sei versehentlich abgebrannt; aber wenn von der Mutter gesprochen wurde, antwortete er nicht, sondern ließ die anderen ihre Fragen stellen. Seither geht es mit ihm immer mehr bergab; und ganz schlimm wurde es, als sich auch noch Lauri Falk mit Svea verlobte und sie dann verließ.

Vielleicht denkt Heitukka, dass er mit einer solchen Verwandtschaft nichts anderes sein kann als zum Scheitern verurteilt. Er trinkt – meist allein, in seiner Wohnung in der Vorstadt: Wer sollte ihm schon Gesellschaft leisten, höchstenfalls irgendwelche nichtsnutzigen Hinterwäldler und Taugenichtse.

Lauri Falk und Svea oder Die Einbildungskraft der Liebe

Beendet war die Beziehung zwischen Lauri Falk und Svea, der Tochter von Kommerzienrat Könölin, noch nicht damit, dass Falk seine Verlobte verletzte.
Lauri hatte sich beileibe nicht erschossen, wie er es vorgehabt hatte, weil er zufällig die Kommerzienrätin Könölin, Sveas Mutter, geküsst hatte. Er verließ zwar die Gegend, gänzlich verzagt und wie ein Verbannter; aber er blieb am Leben, in Wiborg, wo er alte Freunde traf, die ihm ein bisschen halfen, weil er ein so sanftmütiger und netter junger Mann war. Svea erfuhr, wohin es ihn verschlagen hatte, und konnte nicht umhin, Lauri in einem Brief um eine Erklärung zu bitten für das verabscheuenswerte Geschehnis kürzlich. Falk gab ihr diese auch so offen, wie er nur konnte, und legte dabei die unbegreiflichen Abgründe seines schwachen und wankelmütigen Charakters bloß, die zu umgehen er nicht die Kraft gehabt hatte, und er verbarg keine einzige seiner Schwächen, soweit sie ihm nur bewusst waren.
Svea antwortete Lauri mit bitteren Vorwürfen und zeigte ihm, wie hässlich seine Tat war und wie diese jemanden, der über sie nachdachte, geradezu in verzweifelte Schwermut stürzen musste. Aber zwischen den Zeilen wurde deutlich, dass sie die Schuld an dem Geschehnis eher ihrer Mutter gab als Lauri, wie auch der bösen Welt und dem Leben, das Lauri auf einer solchen Entwicklungsstufe hatte stehen bleiben lassen. Am empörtesten war Svea jedoch in ihrem Urteil über die Mutter, die sie dennoch in ihrem Brief mitleidig »die arme Mama« nannte.
Svea ernährte nach dem Tod ihres Vaters ihre Mutter und eine Weile lang auch ihre Schwester, indem sie sich in der Kleinstadt eine bescheidene Anstellung verschaffte. Und die Mutter ließ sich von ihr ernähren, nachdem sie ihren Plan aufgegeben hatte, in Helsinki ein Geschäft zu gründen.
Svea und Falk schrieben einander allmählich immer häufiger. Als unerträglich schwer empfand Svea das Leben. Aber das Wissen um die Pflicht auch ihrer Mutter gegenüber schien in der letzten Zeit unerschütterlich in ihr gewachsen zu sein. Und außerdem war sie letztendlich der Meinung, dass die Menschen so waren, wie sie geschaffen waren, dass sie nicht anders sein konnten.
Sveas Leben war ziemlich einsam. Ihr fehlte die Kraft, die Gesellschaft anderer Menschen zu ertragen: Sie sehnte sich nach Eleganz und Vornehmheit in Worten, Taten und Kleidern. Andere Leute fanden sie komisch; sie ärgerte sich nämlich über Lästerreden, sie litt über die Maßen, wenn jemand verletzt wurde. Nach Meinung der Leute übertrieb sie es mit der Hilfe für die Armen, sie gab ihnen

Kleider, die sie schmerzlich selbst benötigt hätte, indem sie sich dann durch zusätzliche Arbeit andere beschaffen musste. Sie zog merkwürdige Pflanzen mit feurigfarbigen Blüten; sie behauptete den Geruch von Schnee zu kennen: Er erinnere an Vanille. Sie las Tagore und in letzter Zeit auch Swedenborg. Fast alle Abende verbrachte Svea allein zu Hause, ertrug die Launen der Mutter, las und strickte. Aber im Geheimen erhoffte sie sich wohl immer noch etwas von Falk.

Denn sie hatte Lauri gleich verziehen. Sie liebte ihn. Und nun war Lauri endlich auch auf die Organistenschule gegangen. Sveas Hoffnungen wuchsen. Ihre einzige Freude waren Lauris Briefe, die sie in ihrem eintönigen Leben erfreuten und die Zukunft als einen merkwürdigen Tagtraum erstrahlen ließen.

Lauri Falk war anfangs ebenfalls allein. Da schrieben sie einander alles und über alles. Svea über die Höhepunkte ihrer Gefühle, Lauri über die seiner Stimmungen und Svea vor allem bald auch über ihre kleinsten Hausangelegenheiten.

Aber als sie so jeder für sich einander schrieben, bewegten sich die alltäglichsten Passagen in den Briefen immer mehr an ihren Augen vorbei, vor allem bei Lauri Falk.

Statt dessen erinnerten sie sich genau, wie sie in der letzten Zeit bei Einbruch der Nacht oft denselben Stern, einen goldenen, betrachtet hatten – genau beim selben Glockenschlag; hatten diesen Stern plötzlich durch das Fenster gesehen und ihn im selben Moment gemeinsam gegrüßt; das ging aus dem Brief des anderen hervor. Sie waren einander gleichsam von Seele zu Seele begegnet.

Besonders Svea begann dann Lauri auch auf die vielen anderen ähnlichen Begegnungsmöglichkeiten aufmerksam zu machen, die sie über eine derart große Entfernung verabredeten. Und ihr prägte sich die Vielzahl dieser Augenblicke unauslöschlich ein. Sie kamen gar nicht auf den Gedanken, dass beispielsweise einer von beiden diesen Stern gar nicht betrachtet hatte, sondern waren sicher, ihn genau zu der Zeit betrachtet zu haben, da der andere sich daran begeben hatte ihn zu beobachten, mit dem Gefühl, dabei nicht allein zu sein. Die Augenblicke, in denen sie nicht zur gleichen Zeit geschaut hatten, blieben in den Briefen, auch wenn sie erwähnt wurden, unberücksichtigt. Svea sprach über diese Momente seelischer Begegnung so oft, dass Lauri Falk sie allmählich immer häufiger gleichsam als seelisch anwesend empfand: Svea umgab ihn in jedem Augenblick.

Und aus den Briefen konnte man entnehmen, dass Svea ahnte, was Lauri gerade tat. Denn Svea war nun mal ein ganz besonders sensibles und feines Geschöpf. Manchmal wenn Lauri in der Abenddämmerung allein niedergeschlagen auf seinem Sofa lag, war es ihm, als sähe er Svea mit einem milden Lächeln an seiner Tür erschei-

nen. Und dann kam tatsächlich ein Brief, in dem Svea erzählte, sie habe gerade an jenem Abend das Gefühl gehabt, sie sei mit ihrer Seele zu Lauri gelangt, um ihn zu trösten, weil sie wusste, dass es Lauri gerade schlecht ging!
Was die brieflichen Tatsachen anging, so fiel weder Lauri und noch weniger Svea auf, dass ihre Vorgaukelungen häufiger in die Irre führten, als dass sie zutrafen; in ihrem fälschlichen Glauben, sie wüssten über die Entfernung, welche Gedanken und Gefühle den anderen bewegten. Das galt vor allem für Svea.
Schließlich glaubte Lauri, dass Svea all seinen Kummer, alles was ihn beschäftigte, aus der Ferne ahnte, spürte. Ja, Lauri meinte, Svea sehe solche Dinge, die ein gewöhnlicher Mensch nicht sehen konnte.
Dasselbe glaubte auch Svea, die sich mit Swedenborg beschäftigte und Lauri Falk liebte. Vor allem an ihre eigenen geheimnisvollen Kräfte glaubte sie.
Dann geschah Folgendes:
Nachdem er lange allein gewesen war, lernte Lauri Falk ein Mädchen kennen, das ihm gefiel. Im Bäckerladen, hinter der Theke sah er sie. Sie trug den alltäglichen und gewöhnlichen Namen Marketta. Als er den Laden verließ, dachte Lauri Falk, wie weiblich sittsam und schelmisch die junge Frau ihm einen Blick aus ihren blauen Augen zugeworfen hatte und welch langes strohglänzendes Haar sie hatte … prachtvolle Zöpfe. Ihre Hände waren natürlich nicht so zierlich wie Sveas … Aber Falk erschien das Leben so ganz ohne Poesie; der trübe Herbst war gekommen, die Blätter waren zwar rot und leuchtend gelb, aber es regnete, pausenlos – und Lauri wurde trübsinnig, wie das an grau verhangenen Tagen hier im Norden so üblich ist. Und es fehlte ihm an Geld und Gesellschaft.
Langsam machte er die Bekanntschaft des Mädchens und wurde etwas fideler. Für sich nannte er sie Margareta.
Sie saßen in Lauris Zimmer, unterhielten sich und tranken roten Chianti-Wein, den Lauri besorgt hatte. Und bald schon küssten sie sich.
Dann wurden Lauris Briefe an Svea spärlicher. Wochenlang antwortete er nicht auf ihre. Schließlich musste er es tun, und er erzählte Svea, wie es sich verhielt: dass er eine Freundin habe. Und während er dies schrieb, machte er keinen allzu traurigen Eindruck. Die Antwort ließ eine Weile auf sich warten. In der Zeit wurde das Verhältnis zwischen Lauri und dem Mädchen so intim, wie es zwischen Mann und Frau nur möglich ist. Dann kam ein Brief von Svea. Und siehe: Ihm konnte Lauri Falk entnehmen, dass Svea auch von dieser Sache gewusst hatte, ganz von selbst und bevor sie überhaupt einen Brief dazu bekommen hatte. Wie sonderbar! Genau an jenem Abend, als das mit Lauri und dem Mädchen geschah, hatte Svea

dort in der Ferne eine merkwürdige Beklemmung verspürt, eine unangenehme, schreckliche. Svea schrieb, sie habe deutlich gespürt, dass Lauri Falk eine andere umarmte. Svea wusste also wirklich alles, das hatte sie tausendmal bewiesen. Jetzt begannen für Lauri Falk düstere Tage, seine erste Verliebtheit in Margareta war etwas abgeklungen, aber diese neue Freundin hielt ihn mit einer derartigen Kraft der Sinne und dem Schutz gegen ein Leben in Einsamkeit fest, dass er sich von ihr nicht lösen konnte, obwohl er noch kein einziges Mal darüber nachgedacht hatte, ob er Margareta von ganzem Herzen liebte oder nicht. Und jetzt hatte er, dieser charakterlose Feigling, die reizende und treue Svea aufs Neue betrogen. Und noch mehr als diese Gedanken bedrückte Lauri die Tatsache, dass Margareta, die genauso wie er in den letzten Wochen seltsam nervös geworden war, sich eines Abends an seinen Hals warf und ihm weinend ein tiefes, vertrauliches Geheimnis gestand.
Da fiel es Lauri schwer, seine allzu unruhige Gemütsverfassung zu verbergen. Er dachte, dass seine Beziehung zu Svea nun endgültig beendet sei. Und was war dieses Mädchen? Jetzt bemerkte der Künstler deutlicher denn je, dass Margaretas Hände nicht so schön waren wie Sveas. Und Margareta hatte auch nicht Tagore gelesen, von dem sonderbaren Swedenborg ganz zu schweigen. Musste nun das Schicksal ihn an Margareta binden? Musste das wirklich sein? Nein, Lauri Falks eigenes Ermessen reichte hier nicht aus. Und er war es schon gewohnt sich in der Not immer auf Svea zu verlassen. So hatte er auch vor, Svea in dieser Sache zu schreiben. Da kam ein Brief von ihr. Ein merkwürdiger, kurzer. Ein Brief, wie jeden Tag; doch in diesem teilte ihm Svea nur mit, dass sie ihn am nächsten Morgen besuchen werde. Lauri Falk dachte: Wenn Svea auch von dieser Sache wüsste, würde ihr bestimmt auch die beste Lösung dafür einfallen.
Lauri ging in das Hotel, in dem Svea wohnte. Er täuschte Sorglosigkeit vor, trat lächelnd in Sveas Zimmer, sie begrüßten einander. Lauri sagte nichts von Margaretas Geheimnis, sondern plauderte munter über alles mögliche andere. Svea betrachtete ihn forschend und auch ein wenig verwundert. Und Lauri sah nebenbei, dass sie ganz blass in ihrem Sessel saß.
Schließlich fragte er: »Nun, weißt du, wie es mir jetzt geht?« »Du wirst Vater«, antwortete Svea sofort. In ihren Augen lag ein dunkler Glanz. Ihre Brust hob sich heftig. Lauri Falk zuckte zusammen. Nach einer Weile fragte er in äußerster Verwunderung, leise, wie Svea das erfahren habe. Sie hatte es gespürt! Sie hatte eines Nachts das Gefühl gehabt, dass Lauri schlaflos litt, sie hatte damals selbst vor Schmerz kein Auge zutun können. Und die Nacht war genau jene gewesen, an deren Vorabend das Mädchen Lauri ihr Geheimnis verraten hatte.

Svea hatte schon vorher viele Nächte durchgewacht, weil sie an eine solche Möglichkeit gedacht hatte; aber diese Seite der Sache kam ihnen jetzt nicht in den Sinn. Lauri Falk dachte: Das ist kein Zufall mehr! Hatte doch Svea auch früher schon oft derartige Vorfälle als ihr sicheres Wissen bewiesen.
»Was meinst du nun dazu?«, fragte Lauri schließlich Svea.
»Dass das Kind nicht deins ist«, antwortete Svea, ohne zu zögern.
Sie glaubte an ihre Ahnungen und liebte Lauri; und sie war jetzt mehr als eifersüchtig, sie war unglücklich und verzweifelt. Da wurde auch Lauri von Verzweiflung befallen. Denn nicht nur sah er nun immer mehr, wie verschieden Svea und Margareta waren, Svea so wunderlich, sonderbar; er glaubte jetzt auf Grund von Sveas Ahnung, dass Margareta ihn betrogen habe. Er hatte sie ja nur so kurze Zeit gekannt. Dennoch wollte Lauri ein Mann sein und Margareta nehmen, auch wenn er selbst darunter leiden müsste. Trotzdem konnte er es, als Margareta und er sich das nächste Mal begegneten, nicht unterlassen, zu dieser zu sagen, dass das Kind wohl nicht seines sei. Margareta blickte ihn verwundert, erschrocken an. Sie entgegnete ihm nicht, sondern verließ ihn bald. Als er schon mehrere Tage nichts mehr von ihr gehört hatte, ging Lauri zu ihr.
Schließlich sagte sie mit tränenerstickter Stimme: »Es war deins …«
»War?«, fragte Lauri Falk.
»Und es ist nicht mehr«, antwortete Margareta.
Da konnte Lauri das Herz bluten und sein Gewissen ihn anklagen, denn wo immer er, außer in Margaretas Augen, aus denen die Unschuld sprach, zaghaft sich nach ihr erkundigte, bekam er zu hören, dass sie wahrhaftig und gut sei. Aber er selbst hatte nun wieder ein Verbrechen begangen, sich selbst in Margareta getötet …
Und dazu hatte ihn Svea gebracht. Falk begann sie insgeheim fast zu hassen. Nie wieder schrieb er ihr über Dinge der Seele. Allmählich weigerte er sich auch, sich etwas aus ihren Briefen zu machen. Die unschuldige Svea verging vor Trauer. So endete die Beziehung zwischen Lauri Falk und Svea.

Kikka, der Friseur oder Dichter und Don Juan

Der Friseur Kikka ist ein Dichter, natürlich nicht so einer wie Lauri Falk, der vielleicht zu etwas fähig wäre, wenn ihn nicht fehlender Unternehmungsgeist und Zweifel daran hindern würden. Kikka gibt sich Mühe, aber …

Die Tatsache, dass er ein Dichter ist, ist trotzdem nicht der einzige Grund, warum er jetzt vor dem Spiegel sitzt, in einem Friseurgeschäft in der Kleinstadt, und sich betrachtet.

Er hat sich feierlich in einen Longsakko gekleidet, einen ins Grünliche spielenden und leicht zerknitterten, von dessen Revers er gerade Butter- und Kaffeeflecken mit einem Waschlappenzipfel entfernt hat, weil der Besitzer des Friseursalons an diesem Samstagabend die Handtücher zum Waschen weggebracht hat. Kikka hat nämlich dieses Friseurgeschäft, das früher ihm gehört hat, an einen anderen verkauft. Unter dem Sakko guckt eine Samtweste hervor, leuchtend blau mit rötlichen Knöpfen; hihi, wenn man die zwei obersten Knöpfe des Sakkos geschlossen hält und den gekreppten Künstlerschal so weit auseinander zieht wie möglich, braucht man sich keine Sorgen um das Hemd zu machen, das verdammt noch mal nicht zu sehen sein darf, denn in Kikkas Kleiderhaufen in einer Ecke des Friseurladens war kein sauberes zu finden. Offen bleiben jedoch alle unteren Knöpfe des langen Jacketts, damit die – wenn auch etwas abgetragene – Weste gut zu sehen ist. Die verschlissenen Stellen des Schals hat Kikka geschickt versteckt, wie auch die Knoten der Bänder an den ebenfalls mit dem Waschlappenzipfel polierten Bottinen.

Nun, er braucht sich keine Sorgen zu machen, dieser Aufzug ist genau richtig, er ist »comme il faut«. Die Haare, rotbräunlich und in der Mitte der Stirn auch schon schütter, hat er so gründlich gebürstet, dass die Schläfen rot leuchten. Dieselbe Farbe hat die Nase, markant und gleichsam in alle Richtungen schnuppernd, mit einer dicklichen Spitze.

»Comme il faut« hat er gerade schon gesagt, so wie man es schreibt, als er vor dem Spiegel stand, unbewegt, um noch einmal seinen Aufzug zu überprüfen – ein kleiner Mann, die Schöße seines Sakkos weit offen. Dann hoben sich die Finger, um das Kinn zu befühlen, der Kopf war gebeugt und die Knie etwas angewinkelt; so hat er sich mit gerunzelten Augenbrauen lange betrachtet, in Gedanken versunken, seinen hängenden Schnurrbart zwirbelnd.

Liebevoll hat er sich betrachtet, mit etwas verschmitzten Augen. Und dann hat er angefangen zu lächeln.

Aus dem Spiegel lächelt er sich immer noch an, als er sich schließlich in einem der Friseurstühle niedergelassen hat, die Wange in die Hand gestützt, ein schöner, gelockter Jüngling mit leuchtenden, freundlichen, intelligenten, fast himmelblauen Augen.
Er betrachtet sein Bild und seufzt: »Ah, nicht nur ein Dichter, sondern auch ein Ton Juan.«
Jetzt weiß er, was Ton Juan bedeutet. Früher als kleiner Junge hatte er in seinem abgelegenen Heimatdorf an den Rockschößen der Mutter am Kai gestanden und auf ein Schiff geguckt, an dessen Bug »Don Juan« geschrieben stand; er hatte sich gefragt, was der Name wohl bedeutete. Aber damals war er noch nicht einmal in der Volksschule gewesen. Oh je, wie die Zeit vergeht! Aber noch ist es nicht zu spät, wenn man sich anstrengt, denn er ist erst etwas über dreißig und gerade so richtig in Fahrt gekommen, als Dichter und als ein solches Individium, das ein Ton Juan ist.
Das war allerdings nicht ohne Kampf abgegangen. Auch die Heimvolkshochschule hatte er – unter anderem aus Armut – abbrechen und sich damit abfinden müssen, als Friseurlehrling den Leuten das Kinn zu rasieren, um sich sein Brot zu verdienen, hier in der Kleinstadt. Aber jetzt hat er das ja schon hinter sich gebracht. Denn, wie gesagt, den Friseursalon, derselbe, in dem er jetzt vorübergehend, solange er sich hier aufhält, wohnt und den er sich allmählich und fast ohne Schulden zu machen als Eigentum erworben hatte, hat er schon vor mehr als einem Jahr verkauft. Das Geld ist nicht mehr da, dafür aber viele Gedichte; als stattliche Rolle wölben sie jetzt die Brusttasche seines Sakkos. Im Griff hat er das ganze Leben, in dem es so viel Spaß macht ein Ton Juan zu sein – endlich.
Die Gedichte sind jetzt auf dem Weg zum Buchhändler Muttinen. Als er vor einiger Zeit in die Stadt kam, war er gleich bei Muttinen vorstellig geworden und hatte ihm in groben Zügen sein Anliegen genannt und die Aufforderung erhalten, Muttinen heute seine Gedichte zu bringen. Deshalb hoffte er, dass Muttinen diese in einer Reihe veröffentlichen würde oder ihm wenigstens ein bisschen Geld geben würde, für den Druck, und dann die Bücher verbreiten würde – weil nämlich die Verleger in Helsinki, wo Kikka sich den Winter über aufgehalten hatte, und auch anderswo sie abgewiesen hatten.
Aber die Gedichte sind nicht der einzige Grund, warum Kikka einen grünlichen Sakko und um den Hals einen Künstlerschal trägt, wenngleich er gern als Künstler auftritt, vor allem jetzt, wo er von hier weg gewesen war. Nein! Auch wenn Kikka durchaus glaubt, dass ein würdevoller Aufzug und ein gewandtes Auftreten

in diesen Angelegenheiten einen guten Eindruck auf Muttinen machen, hat er noch andere Gründe, so »comme il faut«, zu sein, ein Ton Juan.
So ein Ton Juan, der weibliche Bekanntschaften hat. Heute Morgen hat er mit Muttinen telefoniert und ihn gefragt, ob er neben dieser anderen Sache auch eine Reihe von Freundinnen mitbringen dürfe, die liebend gern Muttinen kennen lernen würden, diesen frisch geschiedenen Magnaten. Kikka fände es so schön, sie zu einem Spaziergang in die Stadt mitzunehmen. Und Muttinen, dieser großartige Mann, war einverstanden.
Aber wird Muttinen diese seine Gedichte nehmen, um sie zu drucken oder wenigstens zu verbreiten? Diese Überlegung lässt Kikka aufstehen; von ihr geweckt, geht er unruhig im Friseursalon hin und her und zupft sich die Haare aus der Nase. Muttinen ist ja reich, verdammt noch mal! Er könnte es wirklich tun, Kikka helfen. Kikka würde nicht viel verlangen – wenn er nur erst einmal in die Öffentlichkeit käme. Von den Gewinnen würde er natürlich die Unterstützung zurückzahlen.
Denn verkauft muss er diese Gedichte unbedingt bekommen. Sie verdienen wirklich die Öffentlichkeit, gerade diese. Er hat nämlich auch viele andere verfasst. Schon vor langer Zeit, in der Heimvolkshochschule. Da wurde ja viel gedichtet. Und dann, als er die Friseurlaufbahn eingeschlagen hatte … Damals verlangte es ihn manchmal so stark danach zu dichten, dass er mitten im Rasieren einhielt und erstarrte und dabei die Seife im Gesicht des Kunden vergaß – sicher in einer sehr merkwürdigen Stellung, das muss er nun später sich selbst eingestehen: das Rasiermesser erhoben, ein Bein witzig angewinkelt, die linke Hand fest am Schnurrbart des Kunden. Das Rasiermesser zitterte vor dem zu rasierenden Kopf, während er mit der Hand fahrige Bewegungen ausführte und dabei in den Spiegel guckte. In diesem sah er nämlich die auf der Straße vorbeigehenden Frauen – und besonders mit der Frau an sich hatte er sich damals in seiner Kunst zu beschäftigen versucht … In diese Richtung hatte er sich schon früher instinktiv bewegt, in der Heimvolkshochschule, zu Beginn seiner dichterischen Arbeit … geschmachtet … nach so etwas.
Aber als Kikka einmal auf diese Weise rasiert hatte, hatte ein ängstlicher Kunde Kikkas Vorgesetzten dazu gebracht ihn zurechtzuweisen. Da war Kikka böse geworden und das war nur gut. Denn er kündigte und gründete seinen eigenen Laden, mit Hilfe seiner Findigkeit und seiner Talente: Er schrieb nämlich nach Wiborg an das Geschäft von Häkli Lallukka und schickte ein Festgedicht, das so anfing: »Kareliens Blume, Häkli Lallukka zum Ruhme«, und bekam daraufhin

Geld von dort und von anderswo, um seinen eigenen Salon eröffnen zu können, in dem er seinen Künstlerbestrebungen ungestörter frönen konnte.
Allerdings musste er in Armut leben, so wie auch jetzt … aber das wird schon noch. Und die Gedichte damals hatten nur Übungswert, nicht mehr als die ersten Schritte im Dichten in der Heimvolkshochschule: Alle waren noch sehr allgemein und unpersönlich – anders als die neuen. Die alten waren patriotisch, allgemein menschlich, idealistisch, wie sie zu der Zeit modern waren. Und obschon Kikka auch diese im vergangenen Winter in Helsinki zum Verkauf angeboten hatte, bekümmert es ihn im Grunde nicht sehr, dass man sie ablehnte, wenngleich auch in ihnen stellenweise schon ein deutlicher Anflug von dem zu spüren war, wohin er nun gelangt war: die Betrachtung der Frau.
Na, damals, früher, fehlte es ihm noch an Erfahrung. Einzig und allein an Erfahrung, an Sachkenntnis. An Sachverstand für die Frauen. Trotz allen Interesses. Er besaß Talent und Charakter, aber er hatte keinen Stoff. Jetzt besaß er Stoff und Erfahrung.
Kikka amüsiert sich geradezu, wenn er sich erinnert, wie er damals, als er jünger war, hier in seinem Salon in aller Einsamkeit und auch Armut abends Gedichte über Frauen verfasst hatte – und was für welche. Aber von betörenden Frauen, von den Ludmillas, die zum Kuren in die Stadt gekommen waren. Von denen, die er auf der Straße hatte vorbeigehen sehen. Diese Gedichte waren meist noch im Stil jener aus der Heimvolkshochschule, waren ätherisch und gegenstandslos, wenngleich sie schon einen Ansatz zur Perfektion zeigten.
Was aber gab ihm den ersten Anstoß zu dieser größeren Perfektion? Zunächst einmal die Werke bestimmter junger finnischer Schriftsteller, in denen viel von Frauen die Rede war, und bei den Frauen von Männern – von Liebesszenen, und von Dingen, über die sich alle Männer einig sind. In diesen Werken kam natürlich auch anderes vor, alles Mögliche, aber jene Passagen fand Kikka am besten. Über Frauen … das war neu. Sie wurden genauso beschrieben, wie sie wohl waren, betörend, künstlerisch. Und dann Boccaccio: Das war so berauschend, so modern, dass Shakespeare in der Beziehung völlig … na, nichts Neues, aber geistig modern, gewagt. Ach, diese Geschichte vom Gärtner des Nonnenklosters! So ein Leben wünschte sich auch Kikka, wenn er abends im Bett diese genialen Passagen las und sich drehte und wälzte, das Buch mit großen Augen betrachtete und sich die Decke über die Ohren zog, bis nur noch sein gelocktes Haar zu sehen war, vor Begeisterung zu Berge stehend.
Und jetzt, jetzt war er selbst … der Gärtner Lamporecchio bei den Nonnen. Dieses

schöne Leben hatte damit begonnen, dass er sich endlich traute anzubändeln. Mit einer Frau! Dabei handelte es sich zwar nur um eine Frau aus einem Vorort der Stadt, eine aus Mesopotamia, einer Dorfschaft, deren Bewohner allesamt Tunichtgute waren. Aber sie war früher Bäuerin gewesen, und drall war sie, so breit, dass sie meinte, Kikka reiche ihr nur bis zu den Achselhöhlen. Und sie verstand nicht, wenn Kikka ihr im Scherz antwortete, dass der Kleine noch zu einem großen Shakespeare gemacht wird, sondern schimpfte, dass Kikka in seinem Salon keinen Kognak anzubieten hatte. Kognak – für so eine! Den hatte er nicht einmal für die besseren Damen: Bedienen die Männer ja auch so. Und schließlich stahl sie Kikkas Duftwässer und trank diese. Aber Kikka vergaß gern diese schlimmen Fälle, denn er war glücklich, dass er sich getraut hatte. O, so zufrieden, dass er am folgenden Morgen dem ersten Kunden ins Ohr flüsterte, dass er ein Verhältnis habe, er habe ein Mädchen gehabt, dass so in ihn verliebt gewesen sei, dass es ihn hätte fressen mögen. Über solch einen Erfolg hatte er sich zu der Zeit gefreut. Jetzt hatte er viele davon, und bessere. Schon lange bevor er diese verdammte Stadt verließ, um nach Helsinki zu gehen. Diese Kleinstadt, wo man ihn zu beschimpfen begann, wenn er Frauen angelte – als Vorlage, um Stoff zu finden. Denn immer noch schrieb er. Aber jetzt auf eine neue Weise, nachdem er sich bei den gerade geschilderten Erlebnissen selbst gefunden hatte. Konnte er doch selbst solche verfassen … solche betörenden und künstlerischen, die gerade in Mode waren: solche wie die, die gewisse Dichter in Helsinki auf ihre nächtlichen Freundinnen singen … solche, die die Herren in der Kleinstadt sich manchmal gegenseitig deklamierten … diese betörenden Passagen … Ja, auch Witzemachen wie Boccaccio hatte er gelernt … einige Passagen waren vielleicht sogar so pfiffig wie bei Shakespeare.

Aber diese Kleinstadt! Seine Entwicklung erforderte es, sich in die Frauen zu vertiefen. Und da begannen gewisse Hausfrauen, mit denen er versuchte anzubändeln, ihn zu beschimpfen. Und sie verspotteten auch die Frauen, die sich auf seine Gesellschaft einließen, ganz anständige Frauen. Denn Kikka hatte damals schon aufgehört, mit den Weibsbildern von Mesopotamia zu flirten. Nicht, dass er auch diese armen Mädchen, die ihre Liebe den danach Dürstenden schenkten, verachtet hätte, sondern weil russisches Militär in die Stadt gekommen war, Ungeziefer, das sich ihrer bemächtigte. Wehe, wenn er mit dieser Soldateska konkurrieren müsste – die kann einen finnischen Mann mit ihren Bajonetten kaputt stechen. Zum Glück blieben in der Stadt auch noch solche Mädchen, die nicht einmal mit Offizieren sich einzulassen den Mut hatten, wenngleich sie sich nach Liebe, Freiheit sehnten. Deren Bekanntschaft zu machen versuchte Kikka jetzt, und mit Erfolg. Als erstes mit Hilfe einer Angestellten im Krankenhaus, mit der er anbändelte, als sie gerade von der Arbeit kam. Sie half ihm dann ungewollt drei Krankenschwestern kennen zu lernen, die mit Nachnamen Metsola, Kaipainen und Ruoju hießen. Und bei diesen geriet er dann wiederum in die Gesellschaft der Büroangestellten Tuulikki Pohjantähti.

O, er war unter den jungen Frauen wie eine Schlange im Rosengarten, mit dem Kaffee, den Butterwecken und der Sahne, die man ihm auftischte. Bis zu dem Tag, als er endgültig die Stadt verließ. Das war im vergangenen Herbst. Grund war der ärgerliche Klatsch und Tratsch, der völlig gegenstandslos war; diese Frauen überwachten sich doch gegenseitig, sogar ihn. Und gerade aus den Klauen dieser Frauen musste er sich befreien! Denn die beste von ihnen, Sointu Metsola, deren tief in eine glatte Stirn gekämmtes schwarzes Haar sie noch attraktiver als gewöhnlich machte, sie, mit der Kikka schon allmählich den Ton Juan vorkehrte und ihr von freizügigen Ideen und von den Schriften eines Schweizer Arztes zu Männer und Frauen betreffenden Dingen sprach, ja, diese anmutigste der jungen Frauen, die reiche Metsola, wurde plötzlich die Braut eines jungen Theologen und gleichzeitig eine fanatische Anhängerin der religiösen Überzeugung ihres Bräutigams. Und dann wollte die Krankenhausbedienstete Manta Ahma ihn heiraten: Sie warf sich ihm einmal in der dunklen Küche an den Hals, diese gelbhäutige und hagere junge Frau. Wenn er es zugelassen hätte, hätte sie ihn tatsächlich in den Hafen der Ehe gelotst, ihn, der doch zu etwas anderem bestimmt war. Und Kikka war gar nicht sicher, ob nicht auch die anderen Frauen, die ihn durchaus als Dichter ansahen, Fräulein Pohjantähti sogar als eine Art kleinen Shakespeare, in ihm letztlich doch nur den Mann suchten.

Nein, er musste einfach fort aus dieser Stadt; nach Helsinki, wo man ungestört etwas werden konnte.

Er wollte es auch diesen Ehefrauen zeigen, die ihn verspotteten … Jetzt schon kommt er viel beachteter aus Helsinki zurück.

Ein harter Kampf ist das am Anfang allerdings. Dort in Helsinki reichte das Geld, das er aus dem Verkauf seines Friseursalons bekommen hatte, nicht weit. Aber hilfreich war es doch, ungefähr dreißig Mark im Monat. Und er ließ sich zu dieser Grundsumme auch eine Aufstockung einfallen. Dabei verließ er sich nicht nur auf die Verleger, die sowohl die alten und aus der Mode geratenen Gedichte ablehnten als auch diese neuen, denn er arbeitete natürlich weiter, jetzt in der allerbesten Form, der des Sonetts, das ja die Blüte der Dichtung und derzeit in Mode war. Nein, Kikka beschaffte für diese neuen seiner Gedichte, von denen er wusste, dass etwas in ihnen steckte, auch wenn sie wegen Formfehlern verschmäht und als Plagiate verurteilt wurden, einen Platz in Illustrierten und Witzblättern, für die seiner Meinung nach schwächsten im »Hammer«, der alles unbesehen annahm. So durchbrach er die Hetzjagd auf den Freigeist, die sich in der Ablehnung seiner Gedichte durch die Verleger äußerte. Und vor allem die Freundschaft, die das namentlich genannte Witzblatt dem jungen Künstler entgegenbrachte, machte Kikka schon bald ein ganz kleines bisschen zu einem richtigen Sozialisten. Außerdem hatte er auch andere Methoden. Bald nachdem er in Helsinki angekommen war, hatte er auf eine Anzeige geantwortet, die auf der Rückseite des »Arbeiters« abgedruckt war und in der »vier junge Frauen in Verlegenheit die Bekanntschaft von unverlegenen Männern suchten«; von diesen vier war allerdings dann nur eine einzige zurückgeblieben, denn in seiner Antwort mit Foto hatte Kikka dieses »unverlegen« falsch gedeutet; gemeint war nämlich Geldverlegenheit. Aber eine blieb; der suggerierte Kikka ein zu bleiben; Kikka, der nun neben seiner anderen Arbeit begonnen hatte sich zu bilden, indem er französisch- und englisch-finnische Wörterbücher las, sich auch mit Theosophie und Hypnose beschäftigte. Und da bemerkte er seine beste bis dahin verborgene Eigenschaft, nämlich seine starke Suggestionskraft, mit deren Hilfe er bald weitere Frauen fand: drei, vier Krankenschwestern, wie auch hier in der Kleinstadt, aber intelligentere, ein in einem Zigarrenladen arbeitendes Fräulein und die Ehefrau eines im Krieg befindlichen russischen Fähnrichs aus guter Familie, allesamt ziemlich intelligent, wenn auch bescheiden. Wenigstens eine von ihnen wurde bewusstlos, als Kikka sie hypnotisierte, indem er ihr ganz fest in die Augen sah, und blieb in diesem Zustand länger als einen Tag; das war eine Postbeamtin, schon älter, aber intelligent. Alle sprachen sie mit Kikka über Poesie und brachten ihm nicht nur Butterwecken und Sahne für den Kaffee, sondern manchmal auch Mandeltörtchen und abends sogar Eier und Wurst. Nur die erste Hypnotisierte war schweigsam und putzte ihm das Zimmer. Aber mit der Ludmilla hatte er ein berauschendes Verhältnis.

Auch Männer hypnotisierte Kikka, nämlich die Zeitungsredakteure, die er oft dazu brachte seine allerschwächsten Gedichte, die Jahre alten, zu kaufen. Wenn er sie doch jetzt nähme! Ich muss ihn mit Suggestion stark manipulieren …

O je, verdammt: die vielstimmige Wanduhr schlägt schon halb sieben, Kikka reißt seinen Mantel von der Wand, setzt sich den Hut auf den Hinterkopf und rennt hinaus. Kurz darauf trifft er auf der Langen Brücke seine Damen, die von hier stammen, diese alten Bekannten; nicht nur die eine, Sointu Metsola, die Frau des bigotten Pfarrers. Der Sommertag glüht, die Wirbel im Wasser spiegeln sich glitzernd in den Augen. Kikka rotes Gesicht leuchtet, er sieht glücklich aus, er bekommt einen großen Strauß Flieder an die Brust gedrückt. Alles läuft hervorragend, er spaziert von seinen Damen umgeben, betrachtet sie abwechselnd, die Schöße seines Sakkos lugen unter dem kurzen Mantel hervor. Jetzt kommt er bei Muttinen an, der wirklich überrascht ist von der Menge der Frauen. Jetzt hilft er seinen Damen aus dem Mantel, verbeugt sich und schwenkt seine Sakkoschöße und lacht: »Ha, he, hi!« Jetzt stürzen die Frauen um die Wette zu einem breiten Schaukelstuhl. Jetzt wiegt sich, schaukelt Don Juan auf seinen Damen. Jetzt führt er sie durch Muttinens Wohnung, das »Loschi«, wie er sie scherzhaft nennt. Jetzt bleibt er mit vorgestrecktem Bauch vor dem Bücherschrank stehen und ruft, als er einen Buchrücken erspäht, auf dem mit goldenen Buchstaben »Renan, Jesus' Leben« steht, aus, wobei er Muttinen mit runden verwunderten Augen anschaut: »Jesus' Leben? Was? Aapeli Muttinen ... und Jesus' Leben! – Aber sieh mal an, was ist das für ein Buch? »Paul und Virginia«, ah, aha, irgendwas Gefühlvolles, Bestrickendes, über Frauen? Und, ah, Bokkakkio ... der ganz echte, alte? Das ist ein hervorragendes Buch! Illustriert? Das muss ich mir ansehen. – Hihii«, jetzt lacht er zusammen mit Aapeli Muttinen. »Aber legen Sie dieses Buch weg ... wegen der Damen! – Ich habe noch verführerischere Bilder – Frauen, aus einer deutschen Illustrierten ausgeschnitten. Kommen Sie sich die mal ansehen, Muttinen. Kommen Sie, ich beschwöre Sie ...«

»Was ist das, was ist das denn?«, rufen die Frauen, als sie Kikka und Muttinen das illustrierte Buch verstecken sehen.

»Ach nichts, nur eine Bilderbibel«, sagt Muttinen.

»Eine Bilderbibel. Phantastisch!«, ruft Kikka und klatscht in die Hände. »Toller Witz, Muttinen! Und das französische Buch da? Wie wird dieses Wort da ... dieses femme noch ausgesprochen?«

»Man spricht es fam aus«, sagt Muttinen.

»Aha, fam, – muss ich mir merken, brauche ich für eins meiner Gedichte«, sagt Kikka. »Aber auf dem Bild da ... Susanna ... hihii ... hahaa ... Aber das Bild hat ja keinen Rahmen. Hören Sie, ich kenne in Helsinki den Architekten Nikulin. Ein prachtvoller Mann ... wir sind nahe Bekannte. Ich schreib ihm mal und er entwirft Ihnen einen Rahmen für dieses Bild! Hervorragend. Aber, jetzt wo es mir einfällt, Grüße vom Dichter Spekulin ... Den kennen Sie doch, Muttinen, oder? Ein prachtvoller Mann, mit Schnurrbart, einem ganz markanten, gewachsten ...

und witzig! Er hat gesagt, dass in fünfzig Jahren niemand seine Werke mehr liest.«
»Fatalerweise schon in fünf«, knurrt Aapeli Muttinen.
»Fatalerweise, was für ein Wort, prächtig, Muttinen!«, ruft Kikka. »Aber jetzt wollen wir uns amüsieren … den Damen Gesellschaft leisten. Was, verehrte Damen, halten Sie von diesem ungerahmten Bild?«
»Es ist nicht modellgerecht«, sagt Fräulein Pohjantähti.
»Wieso denn das?«, fragt Kikka.
»Warum muss ein Künstler, … wenn er einen Akt malt, immer ein Modell haben?«, fragt Fräulein Kaipainen.
»Wie sonst könnte er eine Frau malen?«, sagt Kikka.
»Er könnte sie vom Foto abmalen«, vermutet Manta Ahma.
»Haha«, jetzt lacht die ganze Gesellschaft.
Kikka macht einen Vorschlag: »Na, … sollen wir Blindekuh spielen? Oder nein … nein, ich zeige den Damen etwas Neues … Wir werden mal Hypnose ausprobieren. Hab ich in Helsinki gelernt … Sie … Sie sind das Objektiv, Fräulein Kaipainen. Ich kann hypnotisieren, das wissen viele, ich habe so ein … Na, Fräulein … Fräulein Enne-Leena, schauen Sie jetzt nur in meine Augen … Oh, oh, Sie können nicht … Das Herz der Frau! Na, ich lasse Sie in Ruhe. Aber … verzeihen Sie … ich lese Ihnen ein Gedicht vor. Mein neuestes. Es ist vielleicht richtig gut, wenn ich das selbst so sagen darf. Nein, es ist noch nicht auf dem Papier, aber das tu ich gleich. Nur einen Bogen Papier, wenn ich bitten darf … Nehm ich einen aus dem Papierkorb? Ich setze mich einen Augenblick an diesen Schreibtisch hier, setzen Sie sich auch, unterhalten Sie sich, daran kann ich mich dann auch beteiligen. Haha, das war ein Witz … Napoleon diktierte dreien gleichzeitig … Einen Moment Ruhe. Sonett 47…«
Jetzt kritzelt Kikka, dreht sich zwischendurch nach den anderen, die plaudern und lachen, um und wirft das eine oder andere Wort in ihre Unterhaltung ein, fährt aber gleichzeitig mit seinem Gedicht fort. Jetzt nimmt Tuulikki Pohjantähti das Gedicht und liest es vor:

»Sonett für die Frauen
Die Nachtlampe rote ich entzünde und die Fliege
in Arbeit wache ich, der Dichter, die Nacht durch voller Schleier
an meines Lebens Morgen des Schicksals harte Leier.

Doch über mir da knattert die Fahahne der Siege
und vor mir sehe ich der Dichter stolze Riege:
den Freund mit seiner hohen Stirne wie der Erde Eier –
mach Witze ich wie Heine, geschlagen mit Feuer –
und Dante und Boccaccio und Shakespeares hehre Wiege.

Sie lächeln mir zu, diese ach so genialen Armen.
Und auch die andren lieben Freunde, die genauso warmen,
ah, Sointu und die Tuulikki und Manta, die mir geben.

Butterwecken sie geben und Sahne und den Saft der Reben.
Tausendmal lieber mit Manta schäkern als in Sphären schweben.
Weg mit dem niederträcht'gen Verdacht, habt doch Erbarmen.«

»Ah, ah!«, rufen die einen unter den Damen.
»Pfui, pfui«, schelten die anderen. – »Merkwürdig«, meint eine.
»Der Erde Eier, hm – huhuu«, sagt Aapeli Muttinen und lacht.
»Sagen Sie mal, Herr Kikka, was bedeutet die Stelle in einem Ihrer Gedichte, die sich mit der Zeile ›Die Kanteles der Welt so stürzend klingen‹ reimt?«
»Reimt?«, ruft Kikka. »O, diese Frauen! Schwäche ist dein Name, Frau! Das sind Männerangelegenheiten, solche … Hirnarbeit … Aber hören Sie mal, Muttinen und ich, wir ziehen uns jetzt zurück, haben was zu erledigen. Sie kommen doch, Muttinen? … Hier, Herr Buchhändler, oder soll ich sagen, mein Verleger, hier sind nun diese Gedichte. Gehen wir in ein anderes Zimmer? Ich lese sie Ihnen vor. Hier ist eins, eins meiner besten, es beginnt…«
Sie gehen ins Hinterzimmer, Muttinen lässt sich in einem Sessel nieder, Kikka fährt fort: »Das ist so eins, ein etwas scherzhaftes: ›Die Nacht schleicht sich in die Jungfernträume deines Mitlauts…‹«
»Deines Mitlauts? Ehm. Hm… was?«, fragt Muttinen.
»Also dieser Mitlaut … ein Witz, Sie verstehen … über das Weibsvolk … Na, wenn es Ihnen nicht gefällt, hier ist ein anderes. Im neuen Stil … Denn Stil muss sein: ›Der Wind weht leise des Lebens Kreise, Sointu und ihr Angetrauter …‹«
»Hm, Kreise, leise, Meise, Waise«, murmelt Aapeli.
»Nun, da sind keine anderen Reimwörter. Aber vielleicht hätten Sie es lieber ernster … Hier ist so eins: ›Auch mein Herz war einmal edel und gut, – mein Geist empfänglich und …«

Muttinen hört lange zu. Dabei denkt er, dass Kikkas Stimme rastlos klingt; und diese Gedichte sind auch nicht schlechter als die der anderen. Was, wenn er ihm zum Durchbruch verhelfen würde? Wo er schon einmal Aapeli Muttinen ist. Das sagt er dann auch zu Kikka. Kikka springt auf vor Freude und klatscht in die Hände. Da öffnet sich die Tür und sie werden zum Kaffee auf die andere Seite der Wohnung gerufen. Dort unterhalten sich die Damen gerade über Peer Gynt. Fräulein Pohjantähti ist aufgestanden, sie hat die Augen geschlossen und sagt: »Ich kann mich nicht an diese eine Stelle erinnern … Ich habe das Stück allerdings letzten Winter in Helsinki gesehen. Die allerschönste Stelle… Etwas sehr Tiefgründiges. Was war es nur? So was, so was … Sei … sei du selbst! Nein, wie war das nur …«
»Hurra! Sieg!«, ruft Kikka, als er ins Zimmer stürzt.

Verdorrte Apfelbäume oder Warum nicht Kartoffeln?

Die Apfelbäume in Putkinotko sind verdorrt, fast fünfzehn Jahre alte Apfelbäume. Im Herbst kam nach dem Regen jählings die Kälte und überzog die Äste mit Eis; dann folgte der Winter mit wütendem Frost; und schließlich zog ganz plötzlich der Frühling ein, mit heißen Tagen und kalten Nächten: Während die Sonne die Bäume wärmte und überstürzt den Saft in sie schießen ließ, gefror die Nacht sie und spaltete ihre Stämme. So verdorrten sie. Der Buchhändler Aapeli landete Anfang des Sommers am Ufer seiner abgelegenen Bucht und sah die Apfelbäume am Hang seines Gartens, schwarz und blattlos, mit sich schon lösender Rinde.

Die ganze Umgebung schickte sich an, ein sommerliches Gewand überzustreifen; der Wald, der in ziemlichem Naturfrieden hatte sprießen dürfen, lag hellgrün in Schleiern goldenen Lichtes und strebte nach Blatt und Blüte. Aber die Apfelbäume standen schwarz mittendrin, als wären sie klappernde Gerippe.

Zuerst betrachtete Aapeli Muttinen sie mit gefurchter Stirn und vorgestülpten Lippen. Er ärgerte sich, denn er dachte an die vergeblichen Mühen, die er mit diesen Obstbäumen auf sich genommen hatte.

Aber gleichzeitig verspürte er irgendwo tief in der Brust einen noch schmerzhafteren Stich: die Trauer, die sich einstellte, wenn er an die Zeit dachte, als er sich die Bäume besorgt hatte. Ihm fielen die Träume ein, die in ihm lebten, als er sie hierher geschafft hatte, schöne Träume, die damals ausdrücklich mit diesen Bäumen verbunden waren. Und er dachte dabei auch an alle anderen Dinge in seinem Leben, die wie die Apfelbäume unwiederbringlich verloren waren, von der tagtäglichen Härte der Natur zerstört.

Muttinen steht auf seinem Balkon, inmitten hoher Birken, die im hellen Licht des Frühlings leuchten, voller kleiner duftender Blattknospen glänzen, und blickt auf seine verdorrten Apfelbäume. An seinem inneren Auge ziehen Bilder vorüber von der Zeit, als er jünger war als jetzt, ja, von einer Zeit, als dieser Schädel noch nicht ganz kahl war. Genau zu der Zeit waren die Apfelbäume gepflanzt worden. Muttinen lächelt und wiegt den Kopf, denn er erinnert sich nur zu gut, wie er hier, in dieser so nordisch kargen Natur, einen ganzen riesengroßen Obstgarten geplant hatte. Hauptsächlich Apfelbäume. Sechs, siebenhundert sollten hier stehen, nicht mehr und nicht weniger. Er hatte sich vorgestellt, dass er den Garten auf Terrassen anlegen würde, die er in den Hang rund um sein Landhaus graben lassen wollte. Wie die Bäume dann blühen würden, vor allem die Apfelbäume, und auch die Kirschen, das hatte er damals überlegt. Der ganze Hang nahe dem

Gebäude sollte schon bald jeden Frühsommer weiß vor Blüten sein, wie ein verschneiter Wald. Später dann wären die Bäume knorrig, sähen alt und ehrwürdig aus, ihre Äste auf eigentümliche Weise verdreht. Dann würde er mit einer Frau in ihrem Schatten sitzen, umgeben von seinen eigenen kleinen Sprösslingen. Und erst die süßen Früchte, die vor allem die Apfelbäume trügen. Muttinen mochte Äpfel – mehr noch als Kirschen, weil die Äpfel größer waren …

So verrückt war er auch damals nicht, dass er versucht hätte, hier Birnen oder gar Pflaumen zu pflanzen.

Nun, sechs, siebenhundert Apfelbäume wurden es nicht. Er bestellte nicht einmal so viele, auch wenn er das zuerst beabsichtigt hatte: Ein solches Zugeständnis machte er schon gleich zu Anfang, dass er beschloss, nur hundertfünfzig zu bestellen.

Aber wie es dann so kam: Es ergaben sich alle möglichen Hindernisse, so dass von den bestellten Bäumen letztendlich nur fünfzig eintrafen. Darauf schrumpften sie schon am Anfang zusammen, diese siebenhundert, der riesengroße Obstgarten, wegen aller Art von jetzt schon in Vergessenheit geratenen geringfügigen Hindernissen. Aber zu tun hatte Muttinen auch schon damit, die fünfzig hier aufs Land zu schaffen, als sie einmal im Herbst von der Baumschule in die Stadt kamen. Er war bei allen drei Gärtnern gewesen und hatte mit ihnen erst einmal ein Schwätzchen gehalten, um herauszufinden, welcher von ihnen der geeignetste wäre. Und dann hatte er den besten von ihnen gewählt und mit diesem besonders gerade über diese fünfzig Apfelbäume verhandelt, bevor er ihn mit passenden Anweisungen ausgerüstet hier aufs Land schickte, um sie zu pflanzen. Selbst hatte er damals noch keine Zeit gehabt hierher zu kommen, so mittellos und erst am Anfang seiner Karriere, wie er war; er musste sogar erst das Geld für diese Pflanzung auftreiben. Aber seine Anweisungen waren doch ganz präzise: Welche Art von Terrassen der Gärtner von seinen Arbeitern hier um das Gebäude herum anlegen lassen sollte – gerade diese Terrassen hier, und er zeichnete ihm auch eine Karte, auf der der Platz eines jeden Apfel- und Kirschbaums genau eingezeichnet war. Und noch viele andere Instruktionen gab er ihm mit auf den Weg.

Und als er dann im Herbst wegen seiner Arbeit nicht aus der Stadt kommen konnte, um nach der Pflanzung zu sehen, so malte er sich den ganzen Winter in der Stadt aus, wie sie im kommenden Frühjahr aussehen würden, so ganz nach seinen Vorstellungen gepflanzt.

Nun, so ganz nach seinen Vorstellungen war die Pflanzung dann doch nicht. Die Terrassen waren nicht so geworden, wie er sie sich gewünscht hatte, und der

Gärtner hatte bei ihrem Bau auch nicht genau seine Anweisungen befolgt. Und was das Ärgerlichste war: Viele Bäume verdorrten schon, als sie noch ganz klein waren, so nachlässig hatte auch dieser auserwählte Gärtner sie gepflanzt. Muttinen musste sie wieder ausgraben und neu pflanzen, in tiefer umgegrabene Erde und an einen besseren Platz. Wie hatte er im Schweiße seines Angesichts Gruben gegraben, die seiner Meinung nach richtig breit sein mussten, und sie mit Humuserde gefüllt, mit der schwärzesten und lockersten von den Kohlbeeten auf seinem Anwesen! Den Kopf in der Grube und den breiten Hintern nach oben hatte er schließlich die Bäume neu gepflanzt.

Aber auch von diesen, von ihm selbst gepflanzten waren noch viele verdorrt; auch er selbst hatte einige bedauerliche Fehler gemacht.

An die dreißig blieben jedoch übrig, und die Arbeit, die sie erforderten, war denn auch von den verschiedensten Hoffnungen geprägt. In ihren sprießenden Knospen verbargen sich die schönsten Träume. Muttinen erinnert sich dunkel an jene fernen Tage im Frühsommer, als er seine Apfelbäume düngte; mit Kuhdung hatte er es versucht, das hatte ihm sein Pächter Juutas Käkriäinen geraten, mit auf Viehtriften gedörrtem, einen Winter über geruhtem; den hatte er selbst, Aapeli Muttinen, gesammelt und getragen. Aber der verdarb die Apfelbäume, dieser Kreuztürke, das hatte er später von den Leuten gehört. Also hatte er ihn mit eigenen Händen wieder um die Bäume weggegraben und ihnen Pferdemist gebracht, und Schweinedung, aus dem Stall. Bis zu den Ellenbogen im Kot hatte er sich geplagt, denn im Urlaub wollte er seine Bäume hegen und pflegen.

Er erinnert sich, wie sie dann zum ersten Mal blühten, klein und zierlich, ein paar weiße, in der Mitte rote Blüten öffnend, die er dann abknipsen musste, damit die Bäume in zu jungem Alter nicht geschwächt würden. Ja, Muttinen fallen auch die heißen Julitage ein, an denen er das Hausgesinde, Käkriäinen mit Weib und Kindern, zusammengetrommelt hatte, um Wasser zu seinen Apfelbäumen zu tragen, in Dutzenden von Kübeln vom Seeufer unten herauf. Sogar seine Gäste hatte er dazu abkommandiert, aber natürlich hatte er auch selbst Wasser getragen, von dieser verdammten Arbeit etwas verärgert.

Und dann all die Mühen zum Schutz der Apfelbäume! Die Briefe an den Pächter, dass der nicht seine Schafe und verfluchten Böcke die Rinde abnagen lassen dürfe … und auch nicht die Hasen im Winter, die großen Feldhasen, die im Februar bei Vollmond bis unters Fenster kommen und nicht einmal Angst vor einem Hund haben. Diese Hasen mussten geschossen werden; Muttinen versorgte Käkriäinen mit dem Schießzeug und zahlte ihm die Abschussprämien. Und dann diese verflixten

Wühlmäuse, diese unterirdischen Räuber! Und die Waldratten. Gegen die Hasen besorgte er stinkendes Hirschhornfett, hängte damit gefüllte Streichholzschachteln an die Zweige der Bäume; und für die Ratten Meerzwiebeln und andere Gifte.
Auch eine Steinmauer hatte er um seinen jetzt so viel kleineren Garten geplant; aber während er darauf wartete, dass diese hochgezogen würde, hatte er einen Staketenzaun bauen lassen, aus an den Enden schön beschnittenen Holzbrettern; grau war der schon geworden, grünlich sogar, hatte jetzt eine schöne alte Farbe … Fünfzehn Jahre waren seit seinem Bau vergangen, verflogen.
Und die Apfelbäume waren gewachsen und waren mustergültige Exemplare! Das konnte man auch Gästen vorzeigen, was von diesen sechs, siebenhundert übrig geblieben war. Wenn seine Bekannten sie im Frühsommer lobten, war Muttinen stolz auf sie. Da stand er ganz sprachlos am Rand, so glücklich war er über die Bewunderung der anderen und noch mehr über die Bäume selbst. Die hatten jetzt die Höhe eines stattlichen Häuschens erreicht, die Äste standen senkrecht und gerade wie die Arme eines vielarmigen Leuchters: Die würden auch die schwerste Apfellast mit Leichtigkeit tragen. Und sie blühten über und über. Die Bäume leuchteten wie ein einziger weißer Schopf und blendeten Muttinen. Den ganzen Frühling über summten Wespen in ihnen. An einem einzigen Baum waren dreitausendsiebzig Blüten, hatte Aapeli einmal gezählt.
Seit die Bäume zehn Jahre alt waren, hatte er sie auch schon Früchte tragen lassen. Und sie sahen allmählich schon wie richtige Apfelbäume aus, alte und stattliche. Die Stämme waren ein bisschen schief gewachsen und knorrig geworden. Die Äste hatten sich ungehindert gekrümmt, so wie es echte Schönheit verlangt.
Und erst die Äpfel! Muttinen schmatzt, als er an seine eigenen Antonowkas und Säfstaholmer denkt, die er schon hatte essen dürfen, sogar an andere verschenken … indem er sie in Kisten in die Stadt brachte.
Und jetzt, im kommenden Herbst, wollte Aapeli Muttinen ein großes Gelage veranstalten. Hier in Putkinotko oder da in der Stadt. Außer den Lampen würden Kerzen brennen, jedes Zimmer voll von ihnen. Gäste in jedem Raum. Und auf den Tischen wären vor allem Äpfel, die eigenen Äpfel.
Und wenn die Freunde sie gerne äßen, würde er sie ihnen zustecken – auch den Fremden. Kiloweise, beutelweise, manchen würde er einen ganzen Sack auf den Rücken laden: »Nimm, hier hast du, du Gauner, nimm nur! Das sind Aapeli Muttinens Äpfel.«
Und jetzt … Als er aufs Land kam, hatte der Frost alle zerstört. Alle dreißig. Nicht Käkriäinens Nachlässigkeit und nicht blanker Neid hatten sie letztendlich

verdorben, sondern strenger Frost. Der hatte alles Verhandeln, Rennen, Sichplagen, Mit-Wasser-beleben zunichte gemacht; alle Pläne und alles Geprahle, was aus ihnen einmal werden würde. Der Frost hatte Muttinens Garten zerstört wie alle anderen in der ganzen Umgebung auch.

Da kommt ihm in den Sinn, jetzt endlich, warum sich die Leute hier über seine Mühen mit dem Apfelgarten die ganze Zeit irgendwie lustig gemacht haben. Und warum man auf den Bauernhöfen der Gegend gewöhnlich keine Obstbäume sieht: Wenigstens alle fünfzig Jahre zerstört sie der Frost. Hm, denkt Muttinen, sogar diese Schönheit, dieser Luxus ist also zuviel für uns. Und vieles andere auch … Sinnbildlich fällt ihm auch eine andere Sache ein. So wie er von den Apfelbäumen zu viel erwartet hatte, so auch vom übrigen Leben: Behaglichkeit, Vollkommenheit, Harmonie.

Jetzt klettern die Apfelbäume dort die Stufen seiner Terrassen herauf wie eine Schar seltsamer Gerippe, schwarzer Gerippe. In früheren Jahren waren sie jetzt schon voller rosaroter Knospen und duftender Blüten. Muttinen hatte davon geträumt, wie seine eigenen Sprösslinge unter diesen Apfelbäumen spielen würden, wie er und eine andere Person, dieses Weib, im Alter im Schatten derselben blühenden, dann schon ziemlich großen, aber immer noch blühenden Bäume sitzen würden. Schon aus der Ferne von der Bucht her würde sein Apfelgarten leuchten.

Die Weibsbilder hatte er geliebt. Das war ihm jetzt gleichgültig geworden. Sie hatten angefangen zu streiten, waren einander überdrüssig geworden und hatten sich getrennt … Davon gab es viele Fälle, schon bevor diese Apfelbäume verdorrten.

»Kartoffeln sollte man hier anbauen«, hatten die Leute ihm manchmal gesagt. Warum musste er zu viel von den Apfelbäumen verlangen, entgegen der Natur?

»Hm, warum eigentlich nicht Kartoffeln?«, schmunzelt Aapeli Muttinen.

Aapeli Muttinen im Krieg oder Die Rache der kinderlosen Erda

Provinz Savo, ein Fabrikgelände in Varkaus. Eine Winternacht im Jahr 1918. Der folgende Tag ist der 21. Februar. In der Dunkelheit hin und wieder Gewehrgeknatter und das Dröhnen von Kugelspritzen. Eine Abteilung der gerade erst aufgestellten und noch freiwilligen finnischen Armee belagert das Werksgelände und auf diesem zweitausend finnische Sozialisten, im Aufstand gegen die eigene Regierung, hier, wie auch in vielen anderen Gegenden – aufgeputscht von den in Russland aufschäumenden, weltumspannenden Ideen und bewaffnet von den immer noch in Finnland intrigierenden Russen, um die unter den finnischen Bürgern niederzuwerfen, die ihr kleines Land von der russischen Herrschaft befreien wollen. Tiefste Finsternis. Nur ab und zu senden Scheinwerfer vom Sägewerk dort drüben geheimnisvolle Strahlenarme in den Himmel – die Belagerten sind mit Schiffsscheinwerfern von der Fabrikswerft ausgerüstet – hinter der flachen Erhebung, auf deren anderer Seite unser Freund Muttinen im Schnee liegt. Doch nicht in der Frontlinie, sondern nur bei der Reserve, als Wachposten an der Eisenbahnlinie.

Das Licht der Scheinwerfer trifft weiter weg durch die Senken im Gelände auf den Bahnkörper, lässt die Schienen schwach aufschimmern und macht hier und da in kurzen Abständen voneinander stehende Wachen sichtbar. Sie stehen dort, obwohl sie näher an der Gefahr sind als Muttinen, der daliegt. Und Angst hat. Und nachdenkt, grübelt. Hinter ihm auf der Anhöhe steht ein Haus, dort hat man Verwundete hingebracht, denn schon gestern ist hier gekämpft worden, und die Roten – die haben die Angreifer, geschützt von Eisblöcken und Schiffsbauplatten, zurückgeschlagen. Muttinen überlegt: Was, wenn die siegen? Wenn sie nicht mal vor den Kanonen zurückschrecken? Sondern einfach angreifen, diese roten Teufel. Sie packen ihn, zerfleischen ihn, schlitzen ihm den Bauch auf, schneiden ihm die Ohren ab, graben ihm die Augen aus dem Kopf, wie sie es auch anderswo im Land getan haben sollen. Aber fliehen geht nicht, man muss hier bleiben, um der Sache willen. An einer Ecke des dunklen Hauses wachsen ein paar uralte Fichten, die Muttinen, wenn manchmal zufällig Licht auf sie fällt, gespenstisch erscheinen. Dann verschwinden sie wieder im Dunkel. Zwischendurch geht ein Nachtwind und dann seufzen die Fichten, was in Muttinens Ohren bald wehmütig klingt, bald düster, als ob es vor etwas Schrecklichem warnen wollte – gleichsam irgendeine Rache androhen; nur manchmal tönt der Wind etwas heiterer, abhängig von Muttinens eigenen Stimmungen. Woher diese heitere Note? Von der Hoffnung etwa, die in Muttinen aufflammt, dass Finnland letztendlich befreit wird? Die vielen Kämpfe weiter südlich und im Westen, bei denen die nationale, größtenteils aus Bauern bestehende Armee des Landes die wilden Angriffe des russischen Militärs und der finnischen Roten abgewehrt hat, verheißen eine glückliche Wende. Aber für wie lange, fragt sich Muttinen und guckt in Gedanken unter seiner tief über die Ohren gezogenen Pelzmütze hervor nach oben. »Das kleine Finnland ... von den Iwans gibt es immer noch sechzig, siebzig Millionen ... Die kommen wieder ... trotzdem«, murmelt Muttinen. »Pah, diese Kriegsgewehre ...«

Wieder hallen Schüsse aus der Dunkelheit des Waldes, bestimmt von der Belagerungslinie herüber. Muttinen hält mit seinem Gemurmel ein, er drückt den Kopf in den Schnee und hebt dann etwas die Mütze, um zu horchen, ob ein Fehlschuss an seinem Ohr vorbeiging.

»Was dann, wenn sie kommen, die Iwans? Dann schlagen sich diese Verrückten, gegen die wir jetzt kämpfen, auf die Seite dieser Kakerlaken ... Denn die Freiheit, was ist ihr Preis? Blut ... Bruderblut. Wie, wie nur kann aus so etwas jemals dauerhafter Frieden werden? Und wie soll einem das in den Schädel, diese Wut von Brüdern gegeneinander?«

Nein, das begreift Aapeli nicht ... Ob das den anderen so klar ist? Begeistert schlagen sie sich, kämpfen sie. Aber er ... hm ... ein Feigling. Na, wenigstens steht er jetzt hier ... Oder nein, er liegt auf dem Bauch im Schnee, am Schwanzende der Truppe. Und bewaffnet mit einer Flinte, die so verrostet ist, dass er zuerst keine Patrone in den Lauf bekam. Was soll er mit der, wenn die Roten, diese Teufel ... auf ihn losgehen? Die wenigen richtigen Gewehre wurden da in der Frontlinie gebraucht ... Aber was soll er auch mit einer besseren Waffe – er, der in seinem Leben nichts anderes geschossen hat als einen einzigen Schwarzspecht, damals als armer kleiner Junge ... Er hat es nie übers Herz gebracht, nein – er hatte einfach keine Lust. Wieder Gewehrgeknatter. Wenn er, Aapeli Muttinen, hier ums Leben käme! Er, der es so gut hat, der reich ist. Auf diese Weise! Er, dem es so gut gehen könnte ... Oh, diese Angst!

Muttinen spitzt die Ohren, er schiebt die Mütze von den Ohren und zieht auch den dicken Kragen seines Kamelhaarpullovers, der wie ein Beutel seinen kurzen Hals umhüllt, herunter, denn jetzt meint er etwas gehört zu haben. War es das Zischen einer Kugel in der Nähe? In einer großen Fichte knackt ein Ast, etwas fällt zu Boden: sicher ein Fehlschuss. Oder belauert ihn jemand? Muttinen bewegt seine in großen Filzstiefeln steckenden Füße, als ob er fliehen wollte; aber nein, er muss hier bleiben. Gegen die Mörder, denn auch diese Belagerten hier haben in der Gegend viele Menschen umgebracht. Durch die Stille der Nacht schallen von weiter her einzelne undeutliche Rufe, mit merkwürdig rauer Stimme: die Kommandos der Anführer; und noch weiter weg eine Strophe aus der Marseillaise, mit ungeübter Kehle gesungen, mit wehmütiger Melodie, verzweifeltem Klang. Warum dieser Krieg zwischen Brüdern? Im vergangenen Sommer hatte es danach gerochen, wenn auch viele nicht glaubten, dass so etwas daraus werden könnte. Im Lande teure Zeiten … kamen mit dem Krieg in Europa, dem verfluchten. Warum müssen nur die Völker gegeneinander kämpfen, sich schlagen? Die Völker? Wollen die das … die Männer an den Pflugscharen, die Erdbuddler, die, die in den Fabriken die Kurbeln drehen? … Oder etwa auch die Kleinbürger? Nein, es waren die dicken Bonzen … die Unternehmer, die in den verschiedenen Ländern miteinander konkurrieren. Und daher der Wettkampf ganzer Nationen … der Zwang, einander umzubringen … diese Böcke. Und nun das hier – wie konnte man nur in so was hineingeraten? Da wird man verrückt, wenn man darüber nachdenkt.

Die Teuerung hier, im kargen Osten des Landes … Auf den großen Gütern anderswo, im Südwesten, forderten die Landarbeiter eigensinnig immer höhere Löhne. Die Gutsbesitzer – hm, meist Schweden, ein anderer Schlag, der die finnische Seele nicht kennt, nicht den blanken Hass und die Rachsucht – wollen den Forderungen nicht nachgeben. Obwohl wenigstens Muttinen, solange der große Völkerkrieg tobte, hier keinem einzigen Landbesitzer begegnet ist, auch keinem kleinen, der nicht frohlockt hätte, dass dieser Krieg für die Landwirte goldene Zeiten bedeutet. Und dann kamen die Streiks … Die bezeichneten diese Sassen als äußerst gefährlich für das Vaterland … Ach, hätten sie da nicht … was opfern können, selbst über ihre Mittel hinaus, wenn sie dieses ihr Vaterland so liebten? Nun, ist wohl nicht allein die Schuld der Bonzen. Auch in den Fabriken keine Arbeit, keine anderen Rohstoffe als die Arbeiter. Auch da Streiks … Der Türke soll das verstehen, eine große Sache. Und von den Streiks zuerst zu bewaffneten Zusammenstößen: Die Arbeiterschaft greift zu den Gewehren, die ihnen von den Iwans aufgedrängt werden – die andere Hälfte des Volkes droht mit aus Deutschland zu beschaffenden Waffen. Und immer noch breitet es sich aus wie ein Schwelbrand ohnegleichen … Dann geht es mit Räubereien los, über die Muttinen sich zuerst nur gewundert und sogar gelacht hatte. Da in Turku war nämlich diese rote Garde, wie sie in jedem Winkel des Landes gegründet worden war, weiß der Kuckuck wozu: Das hat Muttinen damals nicht begriffen – stahlen feine Hüte und Armbänder, um ihre Flittchen zu schmücken, Uhren für sich selbst, und Fräcke und glänzende Zylinder, und heulten die ganze Zeit, dass sie vor Hunger sterben. Und Muttinens Verwunderung wurde zu Bestürzung und Grauen darüber, dass dieses Diebsvolk auch die Wohnungen wohlhabenderer Leute übel zurichtete, Teppiche besudelte, Gemälde von den Wänden riss, sogar die Bewohner selbst umbrachte. War so der finnische Arbeiter? Nicht ganz; solche Taten, meinte Muttinen, ließen sich die Landstreicher zuschulden kommen, die im Krieg von den Iwans zu Schanzarbeiten zusammengetrommelt worden waren – der Abschaum dieses Volkes, nicht wert in der eigenen Gegend zu leben. Die waren es, die mit dem Randalieren anfingen, zu dem die Arbeiterblätter dann auch andere aufhetzten, indem sie arglistig behaupteten, das sich gegen Russland rüstende Bürgertum treffe Vorbereitungen, das hungrige Proletariat zu töten – sie mit Gewehren abzuschlachten wie die Schweine. Und diese Arbeiter waren so naiv, das zu glauben! Wenn sie nicht nur einen Vorwand suchten für die eigene Bewaffnung, um das Land ihren Idealen gemäß umzukrempeln. Wahrscheinlich aber gehorchten sie nur ihren Anführern … zu denen sich ziemlich bald die von den wild gewordenen Volksmassen aus dem Knast befreiten Waldräuber, Ganoven, Mörder aufschwangen. Unter deren Führung wurde nach dem Essen der Reichen geschnüffelt, nach den Rosinen … und vor allem nach ihren Waffenverstecken. Und es wurde gemordet …

Und genau jetzt marschiert diese unsere Arbeiterschaft zusammen mit den Tippelbrüdern und den Ganoven, die Gewehre geschultert, an die Front. Zu Tausenden sind sie gefallen, zwei Wochen lang in Vilppula, Antrea, Mouhu … Gefallen unter den Kugeln der eigenen Landsleute, auf die sie kopflos losgehen. Brennen in den eroberten Gebieten die Dörfer nieder, Höfe und Stallungen, foltern die Menschen, Reiche und Arme, wenn die sich ihnen nicht im Brennen und Morden anschließen … Ja, schlitzen die Bäuche auf. Muttinens Zwerchfell, auf das der schwere Patronengürtel drückt, zittert, wenn er an diese abscheulichen Bajonette an den russischen Gewehren denkt … Mit der Axt hacken sie einem die Finger ab, sägen einem mit der Bundsäge die Arme durch. Reißen einem das Fleisch von den Schenkeln, verscharren einen bei lebendigem Leibe. Leichter hat es jemand, der nicht an so was denkt. Ob es davon aber überhaupt welche gibt?

»Soll das das Volk eines Runeberg, eines Topelius sein?«, murmelt Muttinen. Er, der aus dem einfachen Volk stammt und mit diesem zu tun gehabt hat, hatte allerdings immer über derartige Volksschilderungen geschmunzelt … sie für

romantisierend gehalten, im Idealfall… Und vielleicht sogar geahnt, dass sie gefährlich sein können. Aber jetzt, wo ihre ganze Verlogenheit deutlich wurde, wo auch er hätte gefasst sein sollen auf das eine oder andere von dem großen Wäldleranteil in seinem Volk, war er erstaunt, wie idealisiert auch seine eigenen Auffassungen immer noch gewesen waren. Wer hätte das gedacht? Sonst hätte man sich von vornherein besser auszurüsten gewusst als mit Flinten, wie sie jetzt von den ersten Verteidigern des Landes benutzt wurden. So dumm, neidisch und heimtückisch war ein Teil des Runebergschen Volkes? Und war es so erbärmlich, dass nicht einmal der Versuch es zu verstehen sich lohnte? Nein, Muttinen musste es versuchen, er konnte nicht blind töten, ohne nachzudenken.
Er hatte darüber nachgedacht, gegrübelt. Hatte sich gewundert und es auch mit der Angst zu tun bekommen, als Fabrikarbeiter und Lumpenpack vor gut einem Monat von dem im Land wütenden russischen Militär zu Raubzügen angestiftet worden waren, auch in seiner Stadt. Da hatte sich Muttinen versteckt. Es schauderte ihn vor Angst, dass bald auch in seinem Haus die Flammen aus dem Dach schlagen würden. Und er überlegte, wo er sich hinkauern könnte, in die Kartoffelmiete oder in den Schnee. Aber als es der kleinen Bürgergarde in der Stadt mit entschiedenem Auftreten gelang die Gefahr zu bannen, konnte sich Muttinen ein Schmunzeln nicht verkneifen; er kredenzte Bongman, diesem Kühnsten der Kühnen, echten alten Malagawein, rollte mit den Augen, in die Tränen traten, und sagte: »Du bist ein anständiger Kerl … ein ganz feiner … Du bist ein Patriot.«
Das hätte er aber nicht tun sollen. Als nämlich im Januar der richtige Krieg, dieser verflixte, ausbrach und die jungen Männer aus der Stadt und deren Umgebung um die Wette an die karelische Front stürmten, da lief Bongman wieder zu Muttinen. In der Hand hatte er ein altes Berdangewehr, auf der Brust das finnische Löwenwappen, sein Haar schwang vor Begeisterung, er trug einen Proviantsack auf dem Rücken und Schnabelstiefel an den Füßen. Und er rief: »Los jetzt, famos!« Aapeli saß gerade in seinem Speisezimmer, in Hemdsärmeln, einen Teller Reisbrei vor sich.
»Was?«, fragte er.
»Die Iwans dringen mit Hilfe der Roten massiv nach Karelien vor. Der Weg nach Norden kann bald versperrt sein …«
In seiner Not fing Muttinen an immer wieder zu jammern, wie er jetzt hier wegkäme … nach Norwegen, Schweden … das habe er geplant …
»Wie?«, fragte der andere. »Ich kommandiere dich ab in den Krieg.«
»In den Krieg?«

Muttinen wäre fast vom Stuhl auf seinen dicken Hintern gefallen … und erklärte, dass er noch nie geschossen hätte, nur einen Schwarzspecht.
»Einen Schwarzspecht … ausgezeichnet, auch der hatte einen roten Kopf …«
»Einen roten Kopf, was? Aber … diese Augengläser …«
»Nimm zwei Paar mit …«
Muttinen entgegnete, dass er dann ja wohl … Wie ist alles nur so schwierig, das kann man einfach nicht begreifen. Bongman brauste diesmal nicht auf; er lachte und ging. Aber Muttinen schloss sich in seinem Haus ein. Er brachte es nicht einmal fertig, sich einen Posten bei der Intendantur zu beschaffen, wie Tommola, der gut im Organisieren war. Und es könnte ja auch da brenzlig werden, wenn diese schrecklichen roten Garden in die Stadt einfielen. Deshalb setzte Muttinen keinen Fuß mehr vors Haus, sondern verkroch sich in der Kleiderkammer seiner Wirtschafterin, bat sie, falls jemand nach ihm fragen käme, zu sagen, dass er jetzt auf Reisen sei. Er stellte sich ein Klappbett auf, so eins, wie man es in guten Feldlagern hat, gepolstert, auf dem er sich halb angekleidet lagerte, mit Backpflaumenpudding und dem einen und anderen Leckerbissen als Proviant: Das konnte man da im Dunkeln löffeln, unter den an der Wand hängenden Röcken, mit Wasser in den Augen. Und grübeln, immer nur grübeln. Dass man ihn, der nie geschossen hatte, nur einmal einen rotköpfigen Schwarzspecht, haben wollte … Hätte man diese Auseinandersetzung nicht auch anders schlichten können? Wenn die Regierung klug gewesen wäre … wie in Deutschland, so eine, die die Versorgung mit Lebensmitteln so regelte, dass die Spekulanten nicht das Essen aus dem Land schieben konnten und die Hungrigen auf diese Weise auf die Barrikaden trieben! Aber wenn den Schiebern zugesetzt worden wäre, hätte auch er, Muttinen, mit weniger Zucker auskommen müssen! Nun, aber die Roten wollten ja auch andere gute Sachen … Die Fabriken an den Staat. Na, was soll‹s? Warum sollen einige wenige Fabrikbosse die ganzen massigen Gewinne allein einstreichen? Warum keine Anteile für die Arbeiter – wie in den Konsumläden – oder für den Staat? Dem gehört ja auch die Eisenbahn, warum also nicht auch die anderen Unternehmen vergesellschaften? Na, die fordern die Ländereien an den Staat, sogar die Villen, nach Art der russischen Bolschewiken, und Aapeli besitzt ja selbst ein Landgut und ein Haus in der Stadt. Nein, das war alles Unsinn! Und Muttinen verdross es, dass ihm sein Eigentum weggenommen würde, obwohl er doch in manchen Momenten schon bereit war, es herzugeben, wenn er nur am Leben bliebe. Denn was für ein Erstgeburtsrecht hatte er im Grunde? Vor ungefähr zehn Jahren hatte er seinen Grund und Boden erworben; dessen Wert war jetzt im

Krieg auf das Zwanzigfache gestiegen. Was für ein Recht hatte gerade er auf diesen Gratisgewinn? Warum nicht genauso gut auch mal andere? Wenn ... die Roten herkämen und Forderungen stellten – dann würde er ein weiches Herz zeigen. Und, wie vordem Tolstoi, mit leeren Taschen von zu Hause wegschleichen. Hart wäre das schon, aber er hatte ja seinen Teil bekommen, wohingegen die Feuerroten anscheinend kein Land besaßen. Oft hatte er voller Trauer gedacht, dass auch in dieser Gegend immer mehr von der Erdkruste in die Fänge der Holzunternehmen oder einiger weniger Geldbonzen geriet. Wo waren jetzt die ehemaligen Besitzer dieser Ländereien? Hatten ihr Geld vertrunken, verprasst, sich ruiniert. Sie selbst oder ihre Sprösslinge Herumtreiber, eben diese Schanzarbeiter, Eisenbahnkerle oder Hüttenwerkmalocher, die jetzt gegen ihr eigenes Vaterland Sturm liefen.

Und auch er, Muttinen, trug an all diesem Schuld: Er hatte auf seinem Anwesen einen Pächter, dem ... dem er kein Land überlassen hatte. Na, der Pächter taugte zu nichts, der würde sich um Grund und Boden auch nicht kümmern, genauso wenig wie diese armen Kerle, die ihr Land verloren hatten; er würde es an andere verkaufen. Aber alle wollten ja jetzt Land ... und hatten sie nicht das Recht, es damit zu versuchen? Wer sollte das wissen. Ganz verwirrt wurde man davon ... Die Fichte hinter Muttinen rauscht auf. Er hebt den Kopf vom Schnee. Was ist das, was rauscht da? Wenn die Landlosen Land besäßen ... wenn ihnen beigebracht worden wäre, es zu erhalten ... ihnen gezeigt worden wäre, wie man es pflegt, statt ihnen poetische Vorträge über das Vaterland zu halten ... so dass sie dabei einnickten ... gäbe es jetzt im Land mehr Brot ... Diese gemeineuropäischen Ideen, die jetzt von überall herströmten ... und irgendwann mal sicher zu einer Sintflut anwuchsen ... hier aus der Wut gegen den Krieg entstanden, als so böser Argwohn, dass dieser zu einem Krieg gegen die Aufstellung einer nationalen Armee führte – ja, wenn es im Land mehr Brot gegeben hätte, wäre es vielleicht dem Strom der gemeineuropäischen Ideen nicht gelungen sich eine so breite Bahn zu brechen ... Erda ... schreit nach Rache ...

Über solche Dinge hatte Muttinen schon im Versteck unter den Röcken seiner Wirtschafterin nachgedacht. Derlei Gedanken hatten ihn untröstlich gestimmt und gleichzeitig drückten ihm Angst und Furcht Herz und Kopf. Würde man ihn wegschleppen und ihm den Bauch aufschlitzen ...? Wenn nämlich diese losgelassenen Ungeheuer aus den Wäldern siegen würden. Trauer und das Gefühl nationaler Schande und sein Weltschmerz drückten ihn so, dass es ihn hinter der flachen Stirn schmerzte und ihm schließlich auch der Pflaumenpudding nicht mehr schmeckte. Letztendlich wagte er sich auf leisen Socken wieder in seine Wohnung. Und dann trieb ihn die Neugier, ein unbezwingbarer Wissensdrang, sogar in die Stadt. Dort … dort sah er, wie Bahren in die Stadt getragen wurden … unzählige blutige Bahren … Er musste sich übergeben, ihn schwindelte … Und er schämte sich … dass er nicht unter denen sein konnte, die in den Kampf gezogen waren … Denn die wurden gebraucht: Die Roten waren immer noch nicht geschlagen, sondern wälzten immer mehr russisches Militär herbei und Letten … Lumpenpack … gegen das eigene Land … Zu Tausenden denen zum Verhängnis, die ausgezogen waren, dieses Finnenland zu schützen. Aus der Stadt als Freiwillige alle, außer denen, die geblieben waren, um für die Verpflegung zu sorgen … hm, darunter waren allerdings auch solche wie Tommola. Sechzigjährige Grauköpfe, sogar die kleinen Knirpse mit im Kampf. Wie war das möglich … dass sie keine Angst hatten? Und die Leute aus der Umgebung, vor allem die Kleinbauern, alle Mann weg: von manchen Höfen sieben, acht Söhne und auch noch der am Stock gehende Großvater.

Dieser überschwängliche Patriotismus ließ Muttinen schwindeln. Auch die Frauen mit dabei … wachten sich die Augen aus dem Kopf, wenn sie ganze Nächte um die Wette Patronengürtel nähten, Schulterklappen mit dem goldenen finnischen Schwertlöwen, auf die Rockärmel die roten Säbelfaustwappen von Karelien, die bis zum Äußersten gespannten Savoer Bögen … Die Hofbesitzer leerten Kisten und Kästen, um ihre Söhne mit Proviant zu versorgen … Und Muttinen konnte nicht mehr in aller Ruhe seine Backpflaumen essen: Er erinnerte sich an die Erzählungen von der kleinen Armee, die völlig ausgehungert gegen eine erdrückende Übermacht gekämpft, dabei zwei Tage und Nächte ohne einen Bissen zu sich zu nehmen in ihren in den Schnee gegrabenen Schützengräben gelegen hatte, mit erfrorenen Zehen … und immer noch so pulverte, dass die Holzteile an den von den Iwans erbeuteten Gewehren Flammen schlugen.

Muttinen, der nationalen Eifer belächelte und Kriegslieder verabscheute, staunte, was für ein kriegerisches Volk hier doch lebte, wie direkt aus diesen Runebergschen Dichtungen. Ja, ein kriegslüsternes Volk, aber … Dennoch quälten sein vom vielen Grübeln seltsam schwindelndes Gehirn die Geschichten von Söhnen aus dem Volk, die nichts anderes wollten als kämpfen – und dabei dem Tod ins Gesicht lachten. Der reine Kampftrieb! Wilde Geschichten von einem Volkshelden, der nur im Stehen zu schießen bereit war … der allein und mit bloßen Fäusten eine Kugelspritze eroberte und sie dann auf Hunderte von Angreifern richtet; von Bongman, auf dessen Kopf die Gegner Gold gesetzt hätten, von

Bauern, deren Parole lautete: »Ein richtiger Mann stirbt nicht vom Schießen.« Ja, und dann kamen viele von ihnen in Särgen nach Hause. Aus Muttinens Augen tropften Tränen der Rührung, vermischt mit einer seltsamen Anwiderung, wenn er den Zug der Gefallenen beobachtete: Leichen.

Diese Tapferen waren meist Kleinbauern … jene, die an der Front Tausende von Herumtreibern getötet hatten, von Wald- und Fabrikarbeitern, in Lumpen oder in russische Soldatenmäntel gekleidete, von Strafgefangenen angeführte … Hatten sie im Kampf erschossen oder dann, wenn sie sie in ihrer Wut gefangen genommen hatten … das Gelände mit den Leichen der eigenen Mitbürger bedeckt: Da lagen diese dann mit ihren Verbündeten, den Iwans, mit durchschossener Stirn, blutiger Brust, gebleckten Zähnen …

Zwei Wochen und Muttinen war so verändert, dass die Leute anfingen zu reden: »Sagen Sie mal, haben Sie den Buchhändler gesehen? Sein Gesicht ist ganz verzerrt, gelb; sobald vom Krieg die Rede ist, verzieht er den Mund, glubscht mit glasigen Augen, in denen das Wasser steht, seine Lippen zittern, und er redet irgendwas vor sich hin …«

Letztendlich musste er los. Auch aus eigenem Willen: Mehr zwang ihn die Wut auf die Räuber als die Scham an diesen Ort, wo die anderen schon seit einem Monat kämpften, die Roten die Angriffe abwehrten … mit blutigen Verlusten auf der Gegnerseite. Diese verfluchten Roten: Nachdem sie auch hier in der Gegend gewütet, Herren, Bauern umgebracht hatten … nisteten sie sich in der Kirche ein, wo sie das erbeutete Vieh schlachteten, die Rinderköpfe am Altar aufreihten und ihnen das Abendmahl reichten; dann tanzten sie im Kreuzgang und umarmten einander unter Orgelbegleitung auf den Emporen. Oh, was für Kirchengegner! Nein, das muss ein Ende haben. Muttinen ließ sich vom allgemeinen Sog mitreißen. Aber trotzdem rührt ihn ein Gedanke, schmerzt ihn scharf und stechend. Und immer noch fürchtet er sich …

Und er hat das Gefühl, obwohl es für ihn auch klar ist, dass sich Finnland von derartigem Schmutz reinigen muss, dass das schwarze Blut aus seinen Geschwüren gequetscht werden muss, dass er nach so was nicht mehr, jetzt … da er das Töten gesehen hat, sogar mit dabei gewesen ist … dass er nie wieder so leben kann wie früher. Nein, auch wenn er kaum in die Verlegenheit käme, selbst zu töten. Muttinen hat das Gefühl, dass er, der die Natur aus tiefstem Herzen liebt, im kommenden Frühling nicht mehr den Duft der Birken wird genießen können, nicht wie früher das Glitzern der vom Eis befreiten Gewässer … schwerlich wird er noch irgendetwas Schönes sehen. Überall fürchtet er nur noch diesen verdammten Krieg zu bemerken … und Mord; Blut meint er von den Bäumen tropfen zu sehen statt Regen. Und so soll sein Leben sein, wenn sich endlich Finnlands Hoffnung auf Freiheit erfüllt … und sich seine Blüte losringt aus der Knospe Zwang – wie es bei Runeberg heißt? Muttinen betet inständig, dass er wenigstens von irgendetwas verschont bleiben möge … etwas noch Schrecklicherem. Er betet zu Gott; er weiß, dass es komisch ist, sogar unrecht, dann zu beten, wenn man schon vorhat zu töten. Auch wenn es sich nur um Ganoven handelt … Oh, das soll einer verstehen. Die Fichten rauschen wieder. Diese alte … Drohung … die er jetzt seit Wochen in seinem Inneren vernimmt. Die Rache der Erda. Die Bäume reden: »Den Wald haben sie zerstört, so dass er seine Bewohner nicht hat schützen können«.

Das ist Erdas Lied. Und es geht weiter: »Die Felder haben sie mit Kiefern bepflanzt oder Gras gesät, so dass sie meinen Kindern nichts mehr zu essen geben konnten; die mussten in die Fabriken, in die Städte. Aber jetzt nimmt Erda Rache. Jetzt kommen meine Söhne zurück aus den großen Städten und den Fabriken, sie sind immer noch Kinder des Waldes, wilder als Raubtiere, die auf den Geschmack des Blutes gekommen sind. Sie töten alle, die ihnen als Gegner erscheinen … als Zerstörer meiner Wälder, als Erda-Räuber … Schlitzen die Bäuche auf, graben die Augen aus … Erda, Erdmutter …«

Plötzlich durchfährt Muttinens Kopf ein schneidender Schmerz, wie ein dringendes Verlangen. Als hätte er Durst. Aber der Durst sitzt in der Seele. Jetzt weiß er, was hier gut tun würde: Er würde gern Musik hören … fröhliche … Runebergs »Soldatenjungen«, gespielt von einem großen Blechblasorchester … so dass es einem die Ohren betäubt und die Gedanken berauscht … mit einer Art wachsender Begeisterung.

Der Morgen dämmert schon, mit kargem Licht, irgendwie mürrisch. Man kann schon Häuser und Hütten ausmachen und dann die Einschusslöcher in ihren Wänden sehen. Der neue Tag bringt noch erbittertere Kämpfe. Geschütze fallen in das Gewehrfeuer ein. Irgendwo kracht es, und hoch über Muttinens Kopf pfeift etwas – Schrapnelle; die explodieren dort drüben am Sägewerk. Es kommt einem so vor, als fiele das große Steingebäude bei jedem Einschlag mehr in sich zusammen, mit einem Gewehr in der Hand wütend schießende Männer und Frauen unter seinen Trümmern begrabend. Hinter dem Wald steigt eine Rauchsäule auf und Flammen schlagen hoch, das Sägewerk brennt. Dann ertönen Schreie, die zum gemeinsamen Angriff auffordern. Das alles erscheint Muttinen wie ein wirrer Traum, böse und schön zugleich. Der Kopf schmerzt ihn … Die eigenen

Männer kämpfen für Finnlands Freiheit … Auch der Widerstand der Roten von wilder Herrlichkeit … Ein solches Abenteuer … treibt die Zeit mit schrecklicher Geschwindigkeit voran. Das ist es; denn als plötzlich ein Melder kommt, der den Marschbefehl für die Reserve weiter weg vom Bahnkörper überbringt, bemerkt Muttinen, dass dieser Tag schon weit fortgeschritten ist. Die Reserve wird gebraucht. Muttinen muss sich in Bewegung setzen, er weiß nicht wohin. Aber der Befehl kommt vom Kommandeur seiner Belagerungstruppe, einem hitzigen, nein, kühnen Krieger, der zur Ausbildung in Deutschland war, einem preußischen Jäger, der tut, was die Pflicht verlangt. Die Pflicht! Aapeli marschiert in einer Reihe mit den anderen; Schultern und Nacken gebeugt, schwitzend und keuchend stapft er in seinen Filzstiefeln durch den Schnee.
Das Sägewerk ist erobert, es brennt. Dort sind Gefangene, zu deren Bewachung Muttinens Reserve abkommandiert ist. Die anderen stürmen gegen die übrigen Fabrikgebäude, in die sich die rote Horde zurückgezogen hat.
Die Gefangenen werden sofort verurteilt, im Standgericht … Haben die weiße Fahne missbraucht. Angeblich missbraucht – im Krieg! Todesstrafe! tönt es in Muttinens Ohren. Was wird er tun müssen? Er marschiert, fühlt immer mehr, dass ihm der Verstand gerinnt. Jetzt gehen sie an den Schienen entlang, an deren beiden Seiten im Schnee rote, schmierige Flecken zu sehen sind. Jemand schreit, soll doch die ganze Fabrik zum Teufel gehen und wenn sie so und so viele Millionen kostet, wenn nur diese Banditen niedergeworfen werden. Einer der Fabrikbesitzer? Muttinen fühlt Hass auf ihn … auch der … mit seiner Fabrik … hat den Neid des einfachen Volkes geschürt. Er wird aber in seinen Gedanken unterbrochen, denn jetzt müssen sie den Gefangenentrupp übernehmen. Müssen ihn abführen am qualmenden, in sich zusammenstürzenden Sägewerk vorbei. Der Schnee um das Gebäude herum ist von der Glut geschmolzen. Eine alte Frau, die sich neben Muttinen voranschleppt, lamentiert mit qualvoller Stimme, dass man mit Geld wohl sogar in den Himmel kommt, wo die Herren doch jetzt siegen. Eine junge, schwangere Frau hingegen sagt drohend: »So tief kann die Sonne gar nicht sinken, dass sie nicht…« Und vor Muttinens innerem Auge erscheint ein Bild von sechzig Millionen Iwans und den Sozialisten in anderen Ländern. Die Bauernsoldaten rasen vor Wut, sie schlagen mit den Gewehrkolben auf die Gefangenen ein … rachedurstig … für all das Morden, Schlachten … blutdurstig: ein furchterregendes Waldvolk – doch nicht das richtige Runebergsche. Die Gefangenen werden irgendwohin gebracht, in einer Reihe an die Wand gestellt. Muttinen sieht vor sich Geschöpfe, die ihn schrecken … auch wenn er Mitleid für sie empfindet.

Was für eine Ansammlung von geistig und körperlich gebrechlich Erscheinenden. Da ein Alter, klein und verkrümmt; seine Augen sehen krank aus, sie liegen in tiefen Höhlen. Vor der Wand sinkt er gleich, wie wenn er das Schlimmste ahnte, auf die Knie und fleht mit schwacher, kläglicher Stimme: »Gnade, um Christi willen …«
Dann ein Mann, dessen Kinnlade merkwürdige Ausmaße angenommen hat, wie bei einem mit Elefantiasis. Und da ein Junge, der ein winziges Gesicht hat, in diesem jedoch unbeschreibliche, schwarzrote Lippen und dümmliche, große Augen. Und da ein Liliputaner: kurzgewachsen, auf den Schultern ein gewaltiger Kopf; ganz wie in den Gemälden von Velazquez oder Zuloaga … Von denen soll man mal Verstand, Gefühle erwarten! Ist es möglich, kann man so was überhaupt verstehen? Jetzt hat er sie gesehen, dieser alte Idealist. Bisher täuschten ihn die romantischen Volksschilderungen – bis er dies hier sah. Auch der da! Ein Lulatsch, den er gleich zu hassen beginnt. Diesen Riesen mit rosiger, gesunder Haut, fülligem Kinn und ohne auch nur einen Ansatz von Stirn: Die ist gleich in den Nacken gerutscht, der Hinterkopf ganz platt. Man hat ihn gerade vor Muttinen geführt, er bedeckt die Augen mit der Hand, die Mütze war ihm vom Kopf gefallen oder geschlagen worden, glaubt, er wird sofort erschossen. Dann blinzelt er hinter der Hand hervor, und als er sieht, dass die Wachen ihre Gewehre nicht im Anschlag haben, blitzen seine blassblauen Augen auf, wie bei einem Luchs, und sein sinnlicher Mund verzieht sich zu einem Lächeln. Er fängt an … fängt an zu brummeln: »Einmal muss man ja doch sterben.«
Einer der Bauernkrieger, ein hagerer Alter, dessen Gesicht von den seelischen Qualen ganz gelb ist, fast grün, steht weiter hinten und lacht, mit Tränen in den Augen, vor Freude, als er hört, dass ein paar Jungs mehrere Gefangene erschossen haben … aus Versehen. Er ist ein frommer Mann. Die Roten haben seinen einzigen Sohn ermordet. Jetzt sieht er, wie dieser lange Lulatsch von Gefangenem sich über den Tod lustig macht. Er läuft auf ihn zu und droht ihn zu erschießen. Da schäumt auch in Muttinen ein noch seltsamerer Hass auf diesen von ihm Gehassten hoch. Jetzt hätte er gern ein Gewehr … denn wenn diesem Roten da vor ihm auch nur ein bisschen Milde entgegengebracht wird, stürzt er sich auf die Menschen und reißt sie wie ein Luchs die Schafe …
»Ab in den Wald!«, hallt es von der Seite, vom Standgericht her, das gerade abgehalten wird. Jemand ist zum Tode verurteilt worden, der Gefangene da drüben, der Russisch spricht und kein Finnisch oder Schwedisch versteht. Drei, vier Bauern, alle erregt und mit blutroten Gesichtern, führen ihn irgendwo in die Nähe, blicken um sich, ein Feixen auf den Lippen. Von der Stelle, an die der Mann

gebracht wurde, kracht eine Salve. Muttinen zerreißt es das Herz, ihm wird übel, diesem Feigling, und seine Stirn schmerzt unerträglich; aber gleichzeitig verspürt er auch Lust zu schießen. Dort behauptet ein Gefangener, dass er kein Iwan ist, obwohl er ganz eindeutig das Gesicht eines Muschiks hat: ausgeprägte Wangenknochen, bastige Haare und die Nasenlöcher weit offen. Er spricht breites Finnisch wie die Leute in Nilsiä. Irgendwohin wird er abgeführt. Jetzt die Bekanntmachung, dass jeder zehnte Aufständische erschossen wird, über die besonders Schuldigen hinaus; das Hinrichtungskommando stellt mit schon rauchenden Flinten in der Hand die Gefangenen in eine Reihe. Einer der schlimmsten von diesen ist auch der Luchs, den Muttinen hasst. Er sagt aus, dass er von Anfang an in der roten Garde gewesen sei; um zu töten, höhnt er frech, Bürger, Hofbesitzer, die kein Brot für die Armen herausrücken wollen. Hat schon eine stattliche Anzahl von Häusern ausgeraubt und niedergebrannt, fährt er fort, auf den roten Lippen ein arrogantes Lächeln. Einer der zu Erschießenden ruft: »Es lebe die Revolution!« und will keine Augenbinde … er stirbt wie ein Mann. Da setzt der lange Lulatsch auch an etwas zu rufen, Muttinen hört nicht mehr, was: Ein Keuchen entweicht seiner Brust, seine Augen sind stumpf, aber er, er will diesen Luchs da in den Bauch stechen, ihn erschießen … Ein paar, die ihn kennen, sahen, dass etwas mit ihm los war, sie waren aber in Eile und konnten ihn nicht daran hindern mit zur Hinrichtung zu gehen; und er wütete, schlug mit den Fäusten um sich und sagte, er werde schießen. Der sanfte Muttinen erschoss mit seiner Flinte einen Menschen, den er hasste wie eine wilde Bestie. Dann hörte er nicht mehr das Krachen der Gewehre, sah nicht mehr die böse funkelnden Bajonette in den Kämpfen, die noch einen weiteren Tag anhielten. Er murmelte, vor sich habe er Blut spritzende Gehirne gesehen und das Rauschen der Fichten gehört – er wolle weit weg, nach Sumatra, wo rote Palmen wüchsen.

Zusammen mit den Gefangenen, die weiter verhört werden sollten, wurde Aapeli Muttinen im Zug nach Kuopio gebracht: in die psychiatrische Anstalt Niuvanniemi, um sich dort für eine Weile zu erholen. Na, solche Weichlinge sind selten.

Bongmans Tod oder »... pro patria mori«

Am Heldengrab – dem für die Helden im finnischen Unabhängigkeitskampf 1918 – nicken Tränende Herzen: die einen rosa oder weiß, die innersten Blütenblätter der anderen schwarzrot, ganz wie geronnenes Blut. Um die Blumen herum häufen sich die Schleifen von Kränzen, befleckt vom gelben Sand des Grabhügels und feucht vom leichten Juliregen, vom Regen des ganzen Sommers. Das Gräberfeld ist erfüllt vom starken Duft der Blumen und der Balsampappeln und vom Friedhofsgeruch, gleichsam vom Geruch des Todes, süßlich und aufdringlich. Zwischen den schönen Föhren hindurch, uralten und verkrüppelten, glitzert weiter unten der Sund mit seinen verspielten Formen und hinter ihm schimmert bläulich verträumter Wald wie auch die Kleinstadt mit ihren weißen und roten Haustupfen. Jetzt betritt der Richter Oiva Tommola den Friedhof, am Arm eine Frau, eine forsche und resolute Erscheinung. Fidel und schnellen Schrittes tritt Tommola an das Heldengrab, senkt dort wehmütig den Kopf, ruft aber bald schon wieder gutgelaunt seiner Begleiterin zu:

»So, das ist nun also unser letzter gemeinsamer Spaziergang, meine geliebte Verlobte, in diesem herrlichen Sommer, nach dem finnischen Unabhängigkeitskampf. Nach Muurmanni und Weißmeerkarelien fahre ich jetzt, dorthin, wohin viele von Finnlands Jungs gezogen sind, freiwillig gegen die Tommys, Franzosen und Leierkastenmänner, die von dort vergeblich versuchten Deutschland anzugreifen – viele von Finnlands jungen aufgeweckten Burschen, dabei, Groß-Finnland zu schaffen: die Heidewälder des Kalevala mit den Äckern des übrigen Landes zu vereinigen. Kümmere du dich hier gut um mein Eigentum – unser Eigentum. Verkaufe im nächsten Herbst, falls die Preise in die Höhe schnellen, das Stadthaus und den Landbesitz, die ich Aapelus Muttinen abgekauft habe – dieser verrückte Muttinen: Verkauft alles, was er besitzt, an mich, viel zu früh, ohne auf einen richtigen Preisanstieg zu warten, und geht ins Ausland, nach Dänemark, um von dort nach Amerika auszuwandern, für immer, das hat der Bürgerkrieg im letzten Winter mit seinem schwachen Herzen angestellt – wandert vielleicht sogar nach Sumatra aus, um dort sein Geld zu verprassen, hehe! So ist das, wenn man ein schwaches Nervenkostüm hat! Na, ein Volk mit vielen von dieser Art ist nicht zum Leben bestimmt. Aber ich will es versuchen! Nach Muurmanni! Nach Weißmeerkarelien, wohin die finnischen Jungs zusammen mit den Deutschen unbesiegt stürmen – dahin muss ich unbedingt. Dort, dort gibt es große Wälder, unglaublich alte, unberührte, in denen kolossale Bäume ungenutzt umstürzen. Da gibt es

Stromschnellen. Da sind vielleicht Erze zu finden. Noch gehören sie natürlich der Zarenkrone, aber … Die Deutschen gründen dort sicher Unternehmen, wenn das Land erst einmal Finnland gehört, organisieren es um, bauen Transportwege. Genau jetzt muss man dort versuchen sich Wälder zu beschaffen, Schenkungsland. Die können bald von unschätzbarem Wert sein. Die geh ich mir ansehen, mein Mädchen. Du bist geschickt, hast die Handelsschule besucht, in einer Rollenfabrik auf dem Bürostuhl gesessen, bist nicht, wie es die Art der jungen Frauen ist, verträumt und untätig herumgerollt. Wenn du unser Eigentum verkaufen kannst und das Geld in den Banken von irgendetwas bedroht sein sollte, lege es in irgendeinem anderen Geschäft an, bitte, Geliebte, sei loyal. Dann wird es uns gut ergehen, wie es mir schon in den letzten Jahren ergangen ist. – Aber guck mal, da liegt der Mann, dem ich dieses glückliche und beständige Leben verdanke, auch ihm, einem der Helden in unserem Freiheitskrieg! Dort unter dem Sand, weißt du, ruht der Mann, von dem ich dir schon viel erzählt habe, Magister Bongman. Ja, da liegt er nun, Väinö Leopold Henslev Bongman.«

Tommola senkt wieder etwas den Kopf und setzt sich in Gedanken versunken auf die schneeweiß gestrichene Bank, die vor dem Heldengrab aufgestellt ist, bedeutet seiner Braut mit den Augen sich neben ihn zu setzen und öffnet seinen Schirm. Eine Weile sitzt er schweigend da, dann fährt er fort: »Wie seltsam. Dass er doch ein Held war, dieser Bongman! Denn, dir kann ich es ja gestehen, das konnte ich damals nicht richtig glauben. Wir hatten ein schlechtes Verhältnis zueinander. Er griff mich an, verspottete mich, wenn ich den Kopf schüttelte über seine Reden und Taten, mit denen er Finnland befreien, Russisch-Karelien, nein, natürlich Weißmeerkarelien erobern und ein noch größeres Finnland schaffen wollte. Und übertrieben waren seine Pläne und alle damit verbundenen Traumnuancen ja auch – zu der Zeit. Damals herrschte noch der russische Zar über uns, und ich gehörte, wie auch jetzt noch, zur Altfinnischen Partei, die damals gemäßigt war. Aber jetzt ist Finnland frei, unter dem Schutz des starken deutschen Kaisers. Und Bongman, für unsere Freiheit gefallen, ist mit allen seinen Übertreibungen ein Held. Ist es wohl so, dass der Mensch übertreiben muss, wenn er etwas erreichen will, in diesem Falle viel? Aber zum Teufel mit der Philosophie!«

Da sagt Tommolas Verlobte: »Du hast mir von Bongman erzählt – merkwürdige Sachen. Wie war das noch mit diesem Fall … oder jenem? Und der …«

»Ah, ein richtiger Held!«, entgegnet Tommola. »Sonderbare Sachen habe ich tatsächlich erzählt; solche, über die ich früher gelacht habe … zum Teil, über die ich jetzt aber gar nicht mehr lachen kann. Ein Mann, der sich damit brüstete, dass er schon als kleiner Junge in Oulu, immer wenn er russische Offiziere sah, zurückwich und seine Hände, seine kleinen Hände, zu Fäusten ballte und sie mit Hass betrachtete, diese Iwans, die jetzt aus unserem Land verbannt sind. Ein Mann, der als Schuljunge in seiner Schulbank böse wurde und Widerworte gab, wenn ein russischsprachiger Lehrer behauptete, das finnische Wort »sauna« stamme vom russischen Wort »banja«. Und noch vor ein paar Jahren behauptete Bongman, dass »banja« im Gegenteil von »sauna« komme. Wie dem auch sei, die Wahrheit ist, dass er ein beherzter Mann war; er ist als Held gestorben. Was für seltsame Wandlungen! Damals hätte ich es für ziemlich bedenklich gehalten, dass er als junger Student bei uns für einen Wehrpflichtstreik agitierte, als unser eigenes Militär abgeschafft wurde – er steckte die feigen jungen Männer, die auf Anraten der gemäßigten und feigen Presse vorhatten sich mustern, nach Russland abtransportieren zu lassen, in die Kartoffelgrube. Nun, das waren tatsächlich gefährliche Zeiten, Russland war damals mächtig; oder nein: Dieser verflixte Bongman sah, dass es schwach war, denn es war ihm nicht gelungen, unsere Jungs in seine Reihen zu zwingen, stattdessen durften wir unsere Wehrpflicht in Form von Steuern ableisten. Wie er diese Schwäche erraten hat, dieser Bongman? Sonderbar. Später organisierte er die Pfadfinder-Bewegung, beschaffte den Jungen rotgelbe Fahnen, angeblich als Symbol für einen stärkeren Geist als den, den seiner Meinung nach blauweiß vertrat; nun, er duldete auch blauweiß, denn er wollte in diesem Land die Germanen und die Mongolen ins Einvernehmen miteinander bringen. Aber schwierig war auch seine Jungengeschichte damals noch; sie war sogar gefährlich. Und noch gefährlicher diese Kraftbünde, die er gegen die Iwans gründete; Hass bekam er deswegen auch im eigenen finnischen Lager zu spüren, sogar mitleidigen Spott, heißt es; nicht einmal ein Verrückter konnte sich seinen Bemühungen anschließen, soweit ich weiß, jedenfalls nicht viele von uns Finnen. Mit unseren Schweden zusammen Geld zu sammeln, so wie er, um im Ausland Gewehre zu kaufen; und es hieß, einmal sei es sogar so gelaufen, dass die Schweiz für die von ihm bei uns gesammelten Millionen ihre alten, untauglichen Gewehre verkaufte, die dann unsere Käufer in einem ungedeckten Turm irgendeiner alten schweizerischen Burg verrosten ließen und sich mit dem Rest des Geldes ein paar Wochen lang mit den Mädchen von Genf vergnügten. Was Bongman wohl davon gehalten haben mag? Wie auch davon, dass ein paar von den ins Land gebrachten Gewehrfuhren im Meer versenkt oder, wenn sie schon ins Land gekommen waren, in den See geworfen werden mussten – das waren gefährliche Zeiten. Bis Bobrikow erschossen wurde. Da jubelte Bongman in aller Öffentlichkeit, obwohl wir anderen, ehrlich gesagt, zitterten und jammerten. – Was fällt mir noch zu diesem Helden ein? Während unseres ersten größeren Befreiungsversuchs, dem Generalstreik, hörte man von ihm, er sei hier in der Kleinstadt geblieben, als die Züge stehen blieben, und damals sei er fast verrückt geworden vor Aufregung darüber, was in der Hauptstadt geschehen würde; und war danach voller Trauer, dass Finnland sich nicht da schon gegen Russland erhoben und sich selbst vom Iwan befreit hatte. Aber noch größeren Schmerz verursachte in ihm der auf den Generalstreik folgende Rückfall in die Russifizierung, als das Land so in die Enge geriet, dass von Pfadfindern und Sport, geschweige denn von Waffengeschichten, nicht ein einziges Wort laut werden durfte. Da entlud sich seine finnische Begeisterung auf andere Weise … hm, aus dem Blickwinkel jener Zeit eine etwas amüsante: Aber große Ideen müssen wohl übertreiben, wenn sie … aber zum Teufel mit den Philosophen! Er entwarf ganz finnische Industrien, zeichnete Schaukelstühle, deren Seiten von zwei finnischen Wappen gebildet wurden, Säbel als Kufen und Schwerter als Armlehnen und machte aus Birkenrinde Hosenträger und Jacken. Nun, jedenfalls irgendwas in dieser Richtung. Er vergötterte das Kalevala als das beste Buch der Welt, was es größtenteils ja wohl auch ist. – Darüber vergingen fünf, sechs Jahre, der Weltkrieg brach aus, Deutschland musste sich gegen Russland richten. Wie triumphierte er über Kaiser Wilhelms Siege, wie zeigte er bei seinen Besuchen auf Bauernhöfen mit seinem hinkenden Bein, eine Zigarre in der einen Hand und mit der anderen winkend und lachend, wie die preußische Garde marschiert. Wirklich ein prächtiger Anblick, die Unbesiegbaren in graden Reihen marschierend, die Beine heben sich im selben Takt, an keiner Stelle krümmt sich die Reihe. Allerdings schmerzte Bongmans schlimmes Bein, wenn er damit auf den Boden stampfte; all das war Übertreibung, aber er war ein Bewunderer von Disziplin. Dann begann auch er junge Burschen nach Deutschland zu schicken, um gegen die Iwans zu kämpfen, auch auf die Gefahr hin sein Leben zu verlieren, die Polizei auf den Fersen; er wäre sicher auch selbst dorthin gegangen, aber er hatte nun mal diesen Klumpfuß, und so ein Mann wie er wurde auch in Finnland gebraucht. Wie glücklich war er, als ihm zu Ohren kam, dass sich unsere Jungs in Deutschland hervortaten. Wenn er in einem Lokal mit seinem Punschglas auf Kaiser Wilhelm anstieß, schwor und versicherte er, dass die finnischen Jungs den und den Hügel den Franzosen, diesen Fledermausseelen, und den Engländern, diesen Unterbissgesichtern, abgerungen hätten, ganz allein. Denn aus diesen Jungs, die sich früher zu Hause kaum die Finger schmutzig gemacht haben mochten, hatte man in Deutschland richtige Männer gemacht, die keine Angst vor dem Krieg hatten. Und weitsichtig waren sie, genauso wie Bongman, mit dem von seiner Begeisterung ausgelösten Instinkt. Wirklich sonderbar ist dieser Instinkt des Herzens als Wegweiser! Denn dann kam der richtige Augenblick für unser Land: die große Revolution in Russland, als die Russen Finnland die Freiheit versprachen. Merkwürdig, dass ich mir in der letzten Zeit solche Gedanken habe machen müssen, ganz so, als wäre ich Muttinen. Damals entwarf Bongman eine Fahne für das Finnische Reich; die zahllosen früheren Entwürfe gefielen ihm nicht: Die einen, rot- und gelbgestreiften, erinnerten ihn an die Unterröcke von Frauen, die anderen, mit einem blauen Kreuz auf weißem Grund, an die Schilder von Abstinenzlerlokalen – und Bongman war alles andere als ein Abstinenzler. Er stritt, manchmal kämpfte er sogar wie ein Löwe, für die Löwenfahne mit rotem Grund; den Löwen fand er allerdings nicht für die Fahne geeignet. Er war der Meinung, auf unserer richtigen Fahne müsse statt eines exotischen Tieres irgendein heimisches sein, am liebsten ein Bär – aber der war ja das Symbol der Russen. So blieb also die rote Fahne; wegen der roten Revolte wurde Rot aber zu einer ganz abscheulichen Farbe. Und außerdem wirkte diese Fahne sowieso viel zu überheblich für ein so kleines und armes Land. Nein, unter seinem bescheidenen weißen Tuch wird Finnland mit den Deutschen seiner Größe entgegenmarschieren. – Aber bald hatte Bongman wieder an anderes zu denken. Unsere Fahnen wehten auf den Dächern, doch die Armeen der Iwans hatten Finnland gar nicht verlassen; ganz im Gegenteil begannen sie das Land, das sowieso schon seit den Kriegsjahren Entbehrungen erlitt, auszurauben, und unsere eigenen Sozialisten schienen sich mit den Feinden vereinigen zu wollen, indem sie in den Fabriken und auf den Gütern streikten und unmöglich hohe Löhne forderten, ich meine diese von den Iwans beim Bau von Bollwerken verhätschelten und zu Faulenzern gewordenen Schanzarbeiter, wie ich und Bongman sie einschätzten. Aber die Kerle beruhigen sich schon, wenn man den Iwans nur einen Tritt in den Hintern gibt und sie (mit Kaiser Willis eiserner Faust) in die Wüste schickt, und Lehren sind das für die Kerle, sagte Bongman. Und er hatte auch keine Angst vor den russischen Soldaten, deren panslawistische Bolschewikenregierung mit scheelen Blicken verfolgte, wie Finnland sich von Russland losriss; helfen wollte sie unseren Roten, die Lebensmittel stahlen. Nein, Bongman machte sich daran, Schutzkorps gegen unsere Sozialisten, eine Armee gegen Russland aufzubauen. Obwohl er unserem Volk nicht das Allerschlimmste zutraute, tat er damals auch das noch.

Ja, ja, vor einem Jahr im Sommer prahlte Bongman in den Bauernhäusern und

Katen, als er versuchte das Volk gegen die Iwans aufzubringen, ohne mit der Wimper zu zucken, im Scherz, bald werde man obenauf sein, bald habe er die Generalsstreifen an den Hosen; und im folgenden November musste er vor der roten Garde, den Arbeitern seines eigenen Vaterlands fliehen, die Nächte in den schlechten Betten der Katen, in denen er sich versteckte, verbringen und sich das Ungeziefer aus den Ohren und aus den Haaren schütteln. Und die Roten packten ihn sogar, eines Abends in einer Sauna auf dem Lande; sie ließen ihn nackt im Schnee tanzen, diese Teufel, sie stahlen ihm seine Sporenstiefel und gaben ihm dafür Filzschuhe, sie drohten ihm damit, ihn vor einen Arbeiter- und Soldatenrat zu bringen, aber weil er gerade aus der Sauna gekommen war, erkältete er sich in den Stricken seiner üblen Begleiter, im Schlitten dieser Kerle, bekam Fieber und wurde ins Krankenhaus gebracht. Dort weinte er richtig vor Trauer: Große Krokodilstränen rannen ihm aus den Augen; er begriff nicht, warum unsere Sozialisten gegen ihr eigenes Vaterland mit den Iwans gemeinsame Sache machten. So einer war Bongman, liebte sein Vaterland; damals bewunderte er noch die rote Garde, wenn er sie in Reihen marschieren sah, ganz wie die Soldaten. Diese Rotgebänderten waren ja immerhin Finnen und sie befolgten Befehle, auch wenn sie von der Parteiführung kamen, blind wie die Soldaten, rannten für einen solchen Befehl gar mit dem Kopf gegen die Wand, dass es nur so krachte. Wenn sie doch nur den alten Feind des Landes geschlagen hätten, jammerte Bongman. Aber jetzt fingen sie schon an, die Bajonette des Iwanvolkes unseren patriotischen Bürgerlichen in die Brust zu stoßen. Merkwürdig finde auch ich das immer noch. Diese unsere Zwietracht, die sich zu einem Bürgerkrieg entwickeln musste. – Als der richtige Kampf begann und in Wiborg unsere Bürgerlichen umgebracht wurden – das Blut wurde aus den Hälsen in Fässer gelassen – da verschwand Bongman von hier und kehrte mit zwanzig Leuten vom Schutzkorps im Sturm in die Stadt zurück. Er rüstete sich für den Krieg, beschaffte sich eine weiße Pelzmütze, über der Brust trug er Patronengürtel und mittendrin das finnische Löwenwappen, auf dem Ärmel die im Kampf erhobenen Schwerter von Karelien. Fidel schmetterte er ein Marschlied: ›Lasst uns stürmen, Savolaxer, und ihr Jungs aus Bottnien!‹ Er beteuerte, dass nun der Augenblick gekommen sei, in ein paar Wochen habe auch der letzte Iwan einen Tritt in den Hintern bekommen und für immer das Land verlassen; dann werde nach Weißmeerkarelien gestürmt, wo, so sang er, die goldenen Kuckucke rufen, und Petersburg erobert, das zu einer finnischen Stadt gemacht werde, denn es liege ja in gänzlich finnischem Gebiet, und allmählich, im Verlauf von Jahrzehnten, werde sich Groß-Finnland ausdehnen, wohin noch,

sagte er? Bis nach Kamtschatka, wo es sich mit unserem mongolischen Brudervolk, den Japanern, vereinen werde; das war natürlich halb im Scherz. Und er nahm auch die rote Revolte noch nicht allzu ernst, als er seine kleine Gruppe als allererste zum Schutz von Wiborg aussandte, an die bewegte karelische Front. Dort wolle er gleich eine Handvoll von unseren Rowdys übermannen; kein Problem mit den Iwans, wenn nämlich unser ganzes Volk aufstehe und sie vertreibe. Auch wir anderen hielten die Sache nicht für allzu gefährlich; bis die Nachricht kam, dass die Arbeiterschaft in ganz Südfinnland einen Krieg gegen die Bürgerlichen angezettelt hatte. Der begann auch in dieser Gegend, aber da blieb uns nichts anderes übrig als uns dagegen zu stellen. Bongman kehrte von der Front zurück, um mehr Leute zu sammeln; geradezu Wunder hätten die Schutzkorps mit ihren schlechten Waffen bewirkt, gegen den zahlenmäßig zwanzigmal überlegenen Feind und seine Maschinengewehre und Kanonen. Noch immer schmerzte es ihn, dass ein so großer Teil unseres eigenen Volkes, gut die Hälfte, auf die Seite der Iwans gegangen war. Aber als Muttinen über die Gründe nachdachte und philosophierte – außer der Dummheit und dem Hunger der Ärmsten, der vermeintlichen Selbstsucht der Reichen und der Bauern, dass diese nicht ihr letztes Hemd für die Bedürftigen gaben, indem sie die Konfiszierungsgesetze befolgten, sondern sich stattdessen selbst was in die Tasche steckten, nun, vielleicht in der Hoffnung auf Waffen zum Schutz ihrer Lagerhäuser, vielleicht auch auf irgendwelche künftigen weltumfassenden Ideen, Luftschlösser von einem Bund der Völker, der deren Regierungen daran hindern würde sie in Kriege gegeneinander zu stürzen, die von Vorteil für das Kapital sind und den Herrschenden Ruhm einbringen – und von einer Philosophie murmelte von den ewigen Antipathien des Volkes gegen das Kriegsregime, das die Bürgerlichen bei uns eingeführt haben, obwohl es nach Meinung von Muttinen nicht sicher war, ob wir auf diese Weise ein so kleines Land vor dem Iwan schützen könnten, anders als mit Hilfe Deutschlands, und diese wiederum erschien ihm für uns, die Bürgerlichen, ungewiss, wenn sich auch die Deutschen einmal gegen ihren kriegerischen Kaiser erheben würden – und das traute Muttinen dem deutschen Volk zu … dieser Philosoph: Er knurrte, dass dieser Krieg zwischen den Großmächten in den Augen der Völker die Begriffe von Vaterland und auch von Christentum zu Verbrechen mache, für die deren Anhänger, wer immer sie auch seien, mit ihrem Blut bezahlen müssten …
Aber als Muttinen so philosophierte und seufzte und jammerte und die Nächte durchwachte und mit Tränen in den Augen herumlief und des menschlichen Lebens überdrüssig war, da ging dieser Bongman, ja der, über den ich früher gelacht

hatte, wie ein lebendiger und gesunder Mann vor, wenn ein Feuer ausbricht oder wenn er in akute Geldnot gerät: Wenn er keinen Pfennig mehr in der Tasche hat, mit dem er einen Tag lang leben könnte, beschafft er als erste Abhilfe wenigstens das Allernötigste und denkt erst dann an die größeren Probleme. Wenn die Roten siegten, würde das Land mit in die russischen Unruhen hineingerissen. Das galt es als erstes zu vermeiden, für innere Angelegenheiten war jetzt keine Zeit. – Und der Krieg war ein Vergnügen für ihn, eine Art Heldenlied wie Runebergs ›Fähnrich Stahl‹.

Er war bis zu seinem Tod an der Front. Die Intendantur erreichten erstaunliche Nachrichten über ihn. Er war viele Male verwundet worden und ins Lazarett gebracht worden, mit offenen Wunden aber wieder in den Kampf gestürmt. Er hatte ohne Klagen tagelang ununterbrochen in verschneiten Schützengräben gelegen, mit nichts anderem zu essen als einem trockenen Stück Brot; er wurde bis zum Hauptmann befördert; er hatte sein kleines Bataillon mitgerissen, er hatte so geschossen, dass er sein überhitztes Gewehr im Schnee kühlen musste; er war unzählige Male im Kartätschenfeuer unter wirbelndem Schnee, Erde und Gebäudetrümmern wieder aufgetaucht, immer nur lachend und fluchend und mit dem Ruf: »Famos!« Er hatte seine Soldaten an den Beinen aus denselben Trümmerhaufen gezogen. Er hatte fast allein ein Geschütz erobert, er war auf den Wall gesprungen, hatte direkt vor den Augen des Feindes die Mütze geschwenkt und seine Parole gerufen: ›Großfinnland und der deutsche Kaiser Wilhelm!‹ Er hatte in Ruhepausen schnarchend in Viehställen gelegen, während die Kanonen um ihn herum donnerten, dieser früher so nervöse Mann; der Krieg härtet ab und erzieht. Er hatte große Ratschen gebastelt, solche, wie sie bei der Hasenjagd verwendet werden, um die Hasen aufzuscheuchen, und ihnen maschinengewehrähnliches Geknatter entlockt; wir hatten nämlich nicht viele Maschinengewehre; jetzt hielt der Feind die Ratschen für solche. Er verfasste viele den Feind verhöhnende Spottlieder, die dann von der ganzen Armee gesungen wurden, er nahm eine Kuhglocke, hängte sie an einen Ast, läutete sie und rief die Roten zur Bleisuppe. Als diese aus ihren Schützengräben zu uns hinüber riefen: ›Was wollt ihr, ihr Landleute, hier, im Krieg gegen die Bürgerlichen? Geht nach Hause Misthaufen bauen‹, dann antwortete Bongman von seiner Seite: ›Das haben wir auch; auf den Boden haben wir die Iwans geworfen, ihr kommt auf sie drauf‹ – ›Kommt eine rauchen, ihr Schlächter‹, riefen die Roten. – ›Wir brauchen keine Machorkas‹, antworte Bongman – also diese Zigaretten aus östlicher Fabrikation. Er stellte Strafexpeditionen zusammen; wo hinter der weißesten Front noch ein Ausmusterer gebraucht wurde, dorthin wurde Poltti, wie man ihn früher nannte, mit seinen Truppen gerufen; er nahm Rote fest und brachte sie wegen Verrat zur Untersuchung, ohne einen Mucks des jeweiligen Gefangenen; wenn dieser auch nur ein Wort sagte, schleppte ihn Bongman in den Wald und ließ ihm die ›Brotkarte‹ geben, ihn erschießen, verstehst du – unsere Bauernarmee macht keine großen Umstände – und dann ab mit den Roten ins Grab und Kalk drüber. Das hat auch Unschuldige getroffen. Aber so ist der Krieg. Und was für Schreckenstaten haben erst die Sozialisten im roten Finnland begangen: Gruben den Weißen die Augen aus, kochten sie, brieten sie, kreuzigten sie.

So bemühte Bongman sich, betätigte sich, feuerte seine Truppen an, eroberte Stellungen; seine dunkle Gestalt war fast schwarz vom Pulverrauch, er war ganz von Blut besudelt, von Staub bedeckt, Haare und Bart wild gewachsen, seine weiße Mütze verdammt dreckig, auch seine Stoffabzeichen zerrissen und verschlissen. Und er dachte an nichts anderes als an den Kampf für das Vaterland.

Er starb wie ein Held, in Ahvola: Bekam, bevor er das Ende unseres Unabhängigkeitskampfes erlebte, eine Kugel ins Herz.

Und auch ihm – seine ehemaligen Charakterschwächen seien vergessen – müssen wir unsere Freiheit danken. Wenn er nicht gewesen wäre, wenn die Roten hier die Reihen der Weißen durchbrochen hätten, was wäre aus unserem Land geworden? Wäre ich jetzt der Käufer von Muttinens Eigentum, ein Mann, in dessen Händen dieses sicher auf das Zehnfache anwachsen wird, denn noch ist der große Krieg nicht vorbei? Nein, ich bin glücklich über die Freiheit. Jetzt kann man leben, etwas tun. Ich fahre nach Weißmeerkarelien mein Glück versuchen, bevor die Deutschen dorthin gelangen. Sei unbesorgt, meine Liebste, ich bin ein starker Mann und ein Sportler. Ich werde auch diesen Start schaffen.«

»Bewundernswert, diese Tatkraft, dieses Heldentum«, sagt Oiva Tommolas Verlobte. »Solche Männer sind wie das Volk bei Runeberg. Wir müssen ein paar Blumen zu seinem Gedenken mitnehmen.«

Sie bricht eine Blüte von den Tränenden Herzen vor dem Kreuz, auf dessen weißem Holz geschrieben steht: Väinö Bongman. Tommola klopft ihr väterlich und fürsorglich auf die Schulter. Dann setzen sie ihren Spaziergang zum Heidewald fort, der hinter dem Friedhof aufragt und von dem aus die Seenflächen des Saimaa grau melancholisch zu sehen sind. Die Tränenden Herzen auf dem Grab bleiben in der Stille, im sanften Regen zurück.

Nachwort

Die ungewöhnliche, erschütternd anmutende Herkunft des finnischen Schriftstellers Joel Lehtonen ist schon lange ein Gegenstand besonderen Interesses finnischer Literaturforscher, weil sie viel zum Verständnis seiner Werke beiträgt.

Er wurde, als Joel Heikarainen, am 27.11.1881 in Sääminki, einem Weiler in der Nähe der ostfinnischen Stadt Savonlinna als unehelicher Sohn einer einfachen Kätnerin geboren, die Identität seines Vaters blieb immer ein Geheimnis. Da die Mutter Karolina sich in ihrer Armut und ihrem ansonsten sehr unstetigen Leben nicht um ihre Kinder kümmern konnte, gerieten diese über kurz oder lang in die »Obhut« Fremder. Den kleinen Joel fand man in einem Wäldchen (fi. lehto) ausgesetzt und verkaufte ihn, wie es damals in Finnland mit armen Kindern üblich war, an den Meistbietenden. So wechselte er in seinen ersten drei Lebensjahren ständig den »Besitzer« und lebte in derart ärmlichen Umständen, dass seine Gesundheit stark und, wie Lehtonen selbst später vermutete, für immer angegriffen wurde.

Das Blatt wendete sich für Joel, als ihn 1885 eine warmherzige Pastorenwitwe aus altem Bildungsadel unter ihre Fittiche nahm und in Savonlinna wie ihren eigenen Sohn aufzog. Augusta Wallenius gab ihm einen neuen Nachnamen, Lehtonen, und schickte ihn aufs Gymnasium, wo er 1901 erfolgreich das Abitur machte. Der begabte junge Mann begann an der Universität Helsinki mit dem Studium der Ästhetik und der modernen Weltliteratur, wurde aber ein Jahr später wegen seiner Beteiligung an einem politischen Streik vom Studium ausgeschlossen.

Lehtonen hatte sich jedoch schon vorher als Journalist betätigt und auch als neuromantischer Dichter versucht. Die glücklichen Jahre bei seiner Pflegemutter beschreibt er später in seinem Roman »Onnen poika« (1925, dt. Glücksjunge).

Im Sommer 1905 trifft Lehtonen zum ersten Mal seine biologische Mutter wieder. Diese lebt bei seinem Halbbruder, der später zum Protagonisten in Lehtonens Hauptwerk »Putkinotko« werden soll. Der Schriftsteller beschließt einen Bauernhof zu erwerben, wo seine Verwandten leben sollten und wo er seinen bäuerlichen Wurzeln näher käme. So wird er noch Ende desselben Jahres Besitzer eines in der Nähe seines Geburtsortes gelegenen Anwesens, dem er später in seinem großen Roman den Namen »Putkinotko« gibt.

Die Begegnung zwischen dem weltgewandten, gebildeten Sohn und der einfach gestrickten Mutter muss Lehtonen tief erschüttert haben. Er beschreibt sie als »eine Art Madonna der Sünde und des Verfalls«. Dieses Zusammentreffen führte nicht nur zum erwähnten Landkauf, sondern bildete auch den Gegenstand für den

Roman »Mataleena« (1905), eine schwermütige Schilderung der Begegnung zwischen Mutter und Sohn.

Auf seinem neu erworbenen Anwesen verbrachte Lehtonen 1914-1920 fast jeden Sommer, manchmal zog es ihn auch im Winter dorthin. Und allmählich entstand in seinem Kopf das literarische Putkinotko, ein Fixpunkt seiner schriftstellerischen Träume und Sehnsüchte.

Der Halbbruder und seine große Familie, die sich das eher kleine Wohnhaus mit Lehtonen teilten, hatten die Aufgabe, das Land zu bestellen und sich um Haus und Hof wie auch um Lehtonen und seine prominenten Sommergäste zu kümmern. Die finnische Gebildetenschicht war sehr klein und jeder kannte jeden. Viele von ihnen besuchten den befreundeten Schriftsteller in seinem Sommerdomizil bei Savonlinna. Zu Lehtonens regulären Gästen zählten Opernsänger, Politiker, Maler, Kunsthistoriker sowie seine langjährige Geliebte Sylvia Avellan, eine Rektorenfrau aus Lahti, der er dreizehn Jahre lang hunderte Briefe schrieb und die sich anscheinend 1920 das Leben nahm. Ab 1916 gehörte auch seine spätere Ehefrau und Sekretärin Lydia Thomasson zu den Gästen auf Putkinotko.

Lehtonens Halbbruder war ein Versager und so lebte dessen ständig wachsende Familie in großer Armut. Die Frau schrie herum und die Kinder lärmten. Für die herrschaftliche Tafel im anderen Teil des Hauses mussten frische Fische, Kartoffeln, Eier und Sahne beschafft werden. Dieses Zusammenleben schildert Lehtonen in seiner Putkinotko-Trilogie, am ausführlichsten im gleichnamigen Roman.

Joel Lehtonen war ein hochgebildeter Mann, dem es gelang, sich aus fast hoffnungslosen Verhältnissen zu einem bedeutenden Vertreter der finnischen Literatur aufzuschwingen. Er reiste viel (so in die Schweiz, nach Italien, Frankreich, Nordafrika), lernte zahlreiche fremde Sprachen, machte sich mit den verschiedenen aktuellen künstlerlischen Stilrichtungen vertraut und mit der europäischen Literatur. Als Literaturübersetzer wählte er vor allem Werke, die den gesellschaftlichen Umbruch schilderten, unter anderen Jeremias Gotthelf, Conrad Ferdinand Meyer und Fritz Reuter, aber auch August Strindberg, Henrik Ibsen, Alexandre Dumas und Giovanni Boccaccio. Das Übersetzen hatte einen starken Einfluss auf seine eigene schriftstellerische Arbeit. Er verspottete offen die Geisteshaltungen und Ideologien seiner Zeit, den Patriotismus, das Christentum, den Sozialismus und den Karelianismus, eine Bewegung zur Stärkung des finnischen Nationalgefühls.

Mit Vorliebe behandelte Lehtonen den Zusammenstoß von Naturvolk und Zivilisation; das dabei entstehende Bild war alles andere als tröstlich. Der blutige Bürgerkrieg im Winter 1918, der das gerade erst selbständig gewordene Finnland in Rot

und Weiß spaltete, erschütterte ihn zutiefst und weckte in ihm einen starken zynischen Zweifel an den idealistischen Vorstellungen von einem einigen finnischen Volk, wie sie im 19. Jahrhundert vor allem von Johann Runeberg, dem großen finnischen Dichter und Verfasser der finnischen Nationalhymne, und seinem Schüler Zacharias Topelius proklamiert worden waren.
Lehtonen begeisterte sich jedoch für die robuste Kraft seiner Heimat. Wie ein schönes Poem ist schon die Schilderung des Spaziergangs, den der junge Schriftsteller Lauri Falk, Lehtonens Alter ego, im Roman »Kerran kesällä« (1917, dt. Einst im Sommer), dem ersten Teil der Putkinotko-Trilogie, durch sein Heimatdorf oberhalb der weiten Seenflächen des Haukivesi unternimmt.
Die gesellschaftliche Spaltung sieht Lehtonen, als er den Erwerb seiner Sommerfrische plant, schon in der Landschaft. Das wohlhabende, ausgedehnte Heimatdorf mit seinen wogenden Getreidefeldern und seinem Kornblumenschmuck ist ein Wohnsitz der Glücklichen. Von hier führen die Pfade in die abgelegenen Schlupfwinkel der Armen, in die verdammte Einöde, das von Unkraut bewachsene Reich des Teufels. Dort versucht Lehtonens Halbbruder, später als Juutas Käkriäinen in »Putkinotko« verewigt, verzweifelt, dem brandgerodeten Boden eine dürftige Ernte abzuringen.
Lehtonens Beziehung zu seinem Halbbruder wurde von Sommer zu Sommer problematischer. Jener war der Meinung, dass dieser als Herr zu viel verlange und dass seine eigene Situation als Pächter alles andere als gewiss sei. Lehtonen versuchte nach bestem Wissen und Gewissen zu helfen und die zwölfköpfige Familie des Halbbruders zu zivilisieren. Diese wollte jedoch ihr eigenes Leben leben und ihrem Herrn nur das geben, was sie ihm für ihr Wohnen schuldeten. Letztendlich verkaufte Lehtonen 1922 sein Anwesen.
1924 erwarb er weit weg in der Provinz Häme eine neue Sommerfrische, die er »Refugium« nannte. Die Winter verbrachte er in seinem Haus in Helsinki. Schon 1920 war ihm wegen eines chronischen Rheumaleidens eine Künstlerrente zuerkannt worden. Physisch und psychisch erschöpft, geplagt von seinem Rheuma, von Depressionen und Schlaflosigkeit, war er im Sommer 1934 nicht mehr zu schreiben imstande und setzte seinem Leben kurz vor seinem 53. Geburtstag ein Ende.
Seine erste Sommerfrische, heute das Freilichtmuseum Putkinotko, befindet sich im Besitz der Stadt Savonlinna.
Joel Lehtonens bekanntestes Werk ist unbestreitbar der Roman Putkinotko, der letzte Teil der Putkinotko-Trilogie, zu dem auch der Roman »Kerran kesällä« und die Ihnen hier in deutscher Sprache vorliegende kleine Kurzgeschichten-Sammlung

»Verdorrte Apfelbäume« (»Kuolleet Omenapuut«). »Putkinotko« erschien ursprünglich in zwei Teilen, in den Jahren 1919 und 1920. Der Roman erzählt von dem urigen Pächter und Schnapsbrenner und -schwarzhändler Juutas Käkriäinen und seiner Frau Rosina, von ihrer vielköpfigen Hinterwäldlerfamilie und von ihrem behäbigen, leicht arroganten, aber auch idealistischen Pachtherrn Aapeli Muttinen. Er gilt, neben Volter Kilpis »Alastalon salissa« (dt. Im Saal des Alastalo-Hofes) als einer der beiden großen nur einen Tag beschreibenden finnischen Romane, die in finnischen Kritiker- und Literaturwissenschaftlerkreisen zu den besten gezählt werden. Aber anders als Kilpis Werk ist »Putkinotko« unter den finnischen Lesern ziemlich bekannt und beliebt. Es ist mehrfach für Theater, Film und Fernsehen dramatisiert worden. Als gnadenloser, scharfsichtiger Satiriker benutzte Lehtonen nicht nur seinen Halbbruder und dessen Familie, was diese ihm lange verübelten, sondern auch alle anderen ihm nahe stehenden Personen für seine literarischen Zwecke.
Das ist auch in der vorliegenden Kurzgeschichten-Sammlung zu erkennen, die zusammen mit »Kerran kesällä« auf »Putkinotko« zulief und in der man denselben Figuren begegnet wie in den anderen Teilen der Trilogie. Die ersten Geschichten der »Verdorrten Apfelbäume« entstanden im Sommer 1917. Im November habe Lehtonen berichtet, er schreibe »Noveletten« und »eine Farce ist daraus geworden«, womit er nach Meinung des renommierten Literaturforschers und Lehtonen-Experten Pekka Tarkka »Kikka, den Friseur« gemeint haben muss. Als die Sammlung 1918 erschien, wurde sie vom Verleger als »dichterische Prosa« bezeichnet und in dieselbe Kategorie eingereiht wie Lehtonens erzählerische Dichtung »Markkinoilta« (1912, dt. Vom Markt) und der »lyrische Roman« »Kerran kesällä«.
Welch ein Weg von der naturseligen Hymne in »Muttinens Glück« (auch wenn hier schon ein Dunkel unerfüllter Sehnsucht droht), vom affektierten Dichter-Casanova zu den Gräueln des Bürgerkriegs, von der Harmonie übers Komische und Tragische ins Chaos. Gerade die beiden letzten Geschichten zeigen deutlich die noch unmittelbare Reaktion auf die Schrecken des Bruderkriegs. Sie markieren schon Lehtonens Weg vom Glauben an einen doch möglichen Weg zum Guten hin zu tiefer Skepsis und Resignation.
Und bald wurde klar, dass die Serie damit nicht aufhören würde: »Der nächste große Roman von Joel Lehtonen wird den Namen ›Putkinotko‹ tragen.«
Zu Joel Lehtonens umfangreichem, bedeutendem Werk gehören über die schon genannten hinaus u.a. auch Schilderungen und Eindrücke seiner umfangreichen Reisen durch Europa, »Myrtti ja alppiruusu« (1911, dt. Myrte und Alpenrose), sowie die großen Romane »Rakastunut rampa« (1922, dt. Der verliebte Krüppel), »Sorron

lapset« (1923, dt. Kinder der Unterdrückung) und »Punainen mies« (1925, dt. Der Rote) sowie »Henkien taistelu« (1933, dt. Der Kampf der Geister). Eines seiner letzten literarischen Produkte ist der Gedichtband »Hyvästijättö Lintukodolle« (1934, dt. Abschied vom Refugium).

Lehtonens Texte liefern immer wieder auch tiefe Einsichten in seine innere Befindlichkeit. In viele Personen schreibt er – durchaus schonungslos, widersprüchlich und selbstkritisch – Versatzstücke seines Selbst hinein. Auch Bekannte, Freunde, Verwandte werden derart literarisch verarbeitet, nicht immer zu deren Vergnügen.

Joel Lehtonen entwickelte einen ganz eigenen poetischen, mit Wortspielereien angereicherten und komplexen Schreibstil. Dies wohl auch ein Grund, warum kaum Übersetzungen seiner Werke in anderen Sprachen vorliegen. So galt es auch bei »Verdorrte Apfelbäume« einen behutsamen Kompromiss einzugehen zwischen Beibehaltung des authentischen Duktus und der Notwendigkeit, spezielle Idiome angemessen wie auch zeit- und sinngemäß zu übertragen.

Deutsche Übersetzungen lagen, von einigen wenigen Ausnahmen abgesehen (Manfred Peter Heins 1983 in »Trajekt« erschienene Übersetzungen zweier Geschichten aus »Verdorrte Apfelbäume« und Stefan Mosters 2008 im »Jahrbuch für finnisch-deutsche Literaturbeziehungen« veröffentlichte Übersetzung der ersten beiden Kapitel aus »Putkinotko«) bisher nicht vor. Die deutschsprachige Ausgabe der »Verdorrten Apfelbäume«, die Sie jetzt in Händen halten, möchte versuchen, diesen Missstand zu beheben.

Savonlinna, am 127. Geburtstag von Joel Lehtonen

Aini Rössi, finnische, in Savonlinna lebende Journalistin und Lehtonen-Kennerin
Martina Natunen, deutsche, in Savonlinna lebende Übersetzerin

Kuolleet Omenapuut/

mutta

Terweitä ihmisiä

s. o.

moukkia ja moukkaherroja
suloisessa rauhassa/
myös hiukan sodassa/
Muttisen Napelin ympärillä;

runollista proosaa
tehnyt
Joel Lehtonen
wuonna 1918.

Eeva Tenhunen: Schwarze Fische

Tatort: Savonlinna, eine Kleinstadt in Ostfinnland nahe der russischen Grenze. Olavinlinna, die mittelalterliche Olafsburg, ein internationales Touristenziel. Eine Schar junger Burgführerinnen kümmert sich um die vielen Besucher, unter ihnen die junge, etwas naive Liisa, die sich auf ihren Sommerjob freut. Archäologen sind vor Ort mit Ausgrabungen beschäftigt. Alles deutet auf einen vergnüglichen, doch beschaulichen Sommer hin. – Wäre da nicht ein Mädchen mit eingeschlagenem Schädel im Gespensterzimmer. Wäre da nicht ein Körper auf frischem Beton drapiert. Wäre da nicht ...

Wer kann wem vertrauen? Das Beziehungsgeflecht verwirrt sich immer mehr: Liebe, Hass, dünne Alibis, Verdächtigungen, falsche Spuren, Irrwege.

Kein leichter Fall für Kommissar Martti Halla.

ISBN-10: 3-937507-02-7
ISBN-13: 978-3937507-02-6

Alexis Kouros: Gondwanas Kinder

Eine kleine Felseninsel irgendwo in der Weite der Antarktis. Wer bin ich? Wo komme ich her? fragt ein kleiner, verzweifelter Pinguin, versehentlich geboren im Nest eines Albatros. Auf der Suche nach seinem Platz in der Welt begegnet das kleine Wesen Fröschen, Ameisen, Krähen, Spinnen, anderen Pinguinen, Fledermäusen und einem Kanarienvogel im Käfig. Und er kommt schließlich in die Hütte eines Naturkundlers. Pinguin und Mensch dürfen voneinander lernen, begreifen sich als seelenverwandt. Schließlich ist es GONDWANA, die Erde selbst, die dem Pinguin zu den ersehnten Antworten verhilft.

Eine anrührende Geschichte für größere Kinder (ab 10) und alle Menschen mit offenen Herzen und offenen Sinnen. Eine melancholisch-hoffnungsfrohe Geschichte über die Suche nach Identität und Sinn zwischen Schicksal und Bestimmung, Freiheit und Selbstbestimmung.

ISBN-10: 3-937507-04-3
ISBN-13: 978-3937507-04-0

HEINER LABONDE VERLAG
& MEDIAKONTOR

Feilenhauerstraße 44
D-41515 Grevenbroich
Tel. 0 21 81-16 23 71
www.labonde-verlag.de